日本の貧困女子

中村淳彦

SB新書
494

はじめに

２０１９年４月に上梓した『東京貧困女子。』（東洋経済新報社）が大きな話題になった。当事者に近い一般女性だけでなく、国会議員や地方議員、学者や研究者、教育関係者などにも積極的に読まれて、おおまかに「こんな悲惨な状況になっているとは知らなかった。」という数々の読書感想をもらっている。

『東京貧困女子。』に登場するのは、相対的貧困の指標である可処分所得が年間１２０万円程度を下回る東京や東京近郊で暮らす一般女性都民、市民である。すでに「単身女性の３人に１人」「子どもの７人に１人」が貧困状態にあると大々的に報じられているなかで、誰にでもすぐ隣にいる貧困女性たちを取材したノンフィクションだ。

貧困はおカネが足りない経済的貧困を筆頭に、人間関係がない関係性の貧困、制度などを知らない情報の貧困と、それらが重なるほどに事態が深刻になってくる。生まれや育ち、地域や生活環境によって貧困の苦境、苦しさは変化する。

私は取材して第一次情報を提供することが役割だと思い、それぞれ当事者たちの物語を垣間見て、当事者たちの生活環境を目の当たりにした。そうするとデータだけでは見えてこない現実、負の連鎖が見えてくる。

東京では、非正規雇用で一人暮らしをしていると、手取りが15万円程度。家賃6万円を払えば、もう可処分所得は貧困ラインに乗ってくる。その苦しさから逃れるため長時間労働をしたり、性労働をしたり、空腹に耐えたりと、それは人それぞれだ。負の連鎖とは貧困から逃れるための長時間労働から精神疾患になり、子どものネグレクトがはじまり、死にたい気持ちが止まらないなど、みたいなことだ。最終的には命を落とす者も出てくる。

ついこの前まで「苦労は買ってでもするべき」みたいな、上から目線の呑気なことが言われていた時代があった。貧しいことでいいことなんてなに一つない。貧しい経験をして苦労を知り、成長して這い上がるというロマンは過去の産物かフィクションであり、現在の貧困は固定された階層であり、一度組み込まれてしまうと抜けだすことができない。

現在の東京には誰にでもすぐ隣に貧困がある。にもかかわらず、国会議員も学者も、教育関係者も、口を揃えて「私たちにはデータから厳しいだろう実態が見えるだけ。実際の貧困女性たちの姿はわからない」と言っていた。これは日本が総中流社会から格差社会に移行して、さらに階層社会に姿を変えたことが理由といえる。

富裕層や上流層は上層だけのコミュニティーを形成し、中流は中流だけ、貧困層や下層も同じだ。一度、下層に落ちれば下層だけの人間関係、生活環境になり、這い上がるための有益な情報は一切入ってこない。逆に階層が下の人間を目の前にしても、その現実や背景がわからない。階層が違う人間との交流は絶たれてしまうのだ。そして、貧困層に落ちてしまった者はただただ苦しいままその日を乗り切るだけの日々が続き、その親元で育った子どもたちにも貧困が遺伝してしまう。

貧困の遺伝、連鎖は昭和の時代からあったことだ。しかし、現在の貧困のおそろしさは就職活動の失敗や配偶者の暴力、離婚、長時間労働、健康状態を崩したなど、誰にでもある些細な躓《つまず》きで、どんどんと階層が転落してしまう。下には簡単に落ちるが、上に戻るのは極めて困難という国民の転落システムが出来上がってしまっている。

『東京貧困女子。』に登場した女性たちの属性は「現役女子大生」「シングルマザー」「地方自治体の臨時職員」「非正規雇用者」「介護離職者」「介護職員」「中高年女性」と、どこにでもいる女性たちで、彼女たちの現実はちゃんと耳を傾けると本当に厳しい。もはや大学生になっただけ、中年になっただけで貧困を強制される社会になってしまっている。

現役女子大生は親世帯の実質賃金の低下と学費高騰、アルバイトの低賃金などが重なって、一般的な女子学生どころか優秀な女子学生までどんどんと性風俗の世界に誘導されている。若い肉体という簡単に認められる価値を売らざる得ないところまで追い詰められている。地方自治体が積極的に推し進める臨時職員なる非正規労働者に対しては、問答無用で生活保護水準（生活扶助＋家賃扶助）程度の賃金で働かせ、素直でまじめな女性から貧困に転落している。真面目に働いているだけで転落するのだから、もう本当に落とし穴がどこにあるのかわからない。

そんな、東京の貧困女性たちの苦境を聞くと、原因はほぼほぼ労働系の法律改正と国の制度変更であり、現在の政府が積極的に推進する新自由主義（民営化、規制緩和、市場原理、労働の自由化など）路線によって生まれた貧困と断言できる。人々の労働が人間のセーフティネットではなく、安くコキ使われる商品として流通させて起こってしまった。現在は悲しいくらいに人間の価値が暴落している。それに男たちの暴力が加わって、女性は人間性を喪失させるような苦境に陥っている。

もう一つ、中流以上の中高年男性たちに蔓延する貧困者に対する自己責任論がある。まず新自由主義路線のターゲットにされた女性たちの貧困に「努力不足、自分自身の選択の結果であり、あなたの苦境はあなたに責任がある」と、苦しむ女性たちに対して自己責任論を叩きつけている。学ぶために大学生になったり、生まれ育った地方自治体で臨時職員の雇用契約を結んだことが自己責任なのだろうか。

人間のセーフティネットは「雇用」を絶対的な軸として「社会保障」「公的扶助」がある。労働報酬を筆頭にあらゆる場面で男性が優遇される男女格差は、国が与えてくれるセーフティネットの軸である「雇用」のメリットが、中高年男性だけに与えられていることが背景にある。

たまたま優遇された層がなにも与えられない層に責任を押しつける、それが現在の自己責任論の正体であり、非常にいびつな分断と憎悪を生んでいる。現在は若者たちが新自由主義路線を支持するが、雇用に関してあらゆる優遇がなくなるだろう流れがある。長年、既得権にあぐらをかき、貧困女性や若者たちに自己責任を吐いた恵まれた中高年男性たちも、近い将来に同じ絶望のスタートラインに立たされる。それは、これからはじまる見たくない本当の地獄の序章なのだ。

本書は『東京貧困女子。』の地方貧困女子バージョンとして企画がはじまった。急速な人口減少と高齢化で地方消滅と叫ばれている地方の貧困女子は、いったいどうなのか。どうして貧困に陥ってしまって、どのような生活環境なのか。東京の貧困女子と地方の貧困女子を知ることで、衰退途上の日本の現状が知れるだろうと思った。

地方の貧困女子の取材は「第1章　東京とは異なる、北関東の女性の貧困」にある、立て続けに北関東出身の貧困女性と出会ったことがきっかけとなった。なにもかも捨てて地元から逃げた、これから逃げだす理由を語り、彼女たちは「どんな貧困に陥っても地元には絶対に帰りたくない！」と言った。

ただならぬ雰囲気を感じた私は2019年4月～5月、栃木県のある自治体の民生委員の女性の協力のもと、北関東を取材した。県内の複数の女性だけのコミュニティーの片隅で取材することが実現した。簡単にいうと、地域のママ友たちの井戸端会議に参加した。そこで繰り広げられたのは、男性や別地域、別階層の〝他人〟がいるところでは絶対に語られない生々しい語りだった。

貧困の現実は個人の物語であり、女性の語りからなにがでてくるかわからない。長年、取材する私はあらゆる女性の行動や傾向は知っているつもりだったが、北関東のママ友たちの井戸端会議は驚愕の現実の連続だった。その実態は「第2章　民生委員が見た北関東の実情」に書き記した。

そして、貧困に関するあらゆるデータが都道府県最悪の最貧困県として有名な沖縄にも足を踏み入れた。那覇市の底辺層とつながり、なぜか彼らは私を大歓迎してくれた。現状を伝えたい、いくらでも書いてほしいと、彼らは私に沖縄の実態を語りまくった。「第4章 沖縄、最貧困の果てに」で、彼ら彼女らが語った沖縄と那覇市の実情を、ほぼ底辺を歩いた時間軸通りに文章化している。

東京、北関東、沖縄の貧困は、それぞれまったく違った。東京のような絶望だけでなく、少しの滑稽な現象や温かみもあった。東京の貧困女性は、おそらく現在が最悪である。これから東京は全世代型の本格的な貧困に突入して、都民は変わっていく。貧困は北関東や沖縄が先駆けている。これからすでに苦しい東京の貧困女性たちは北関東化し、男性たちはおそらく沖縄化するだろうと、取材をしながら思った。

おそらく、日本はこのまま衰退途上を超えて後進国になってしまう。それは豊かだった昭和時代と比べれば厳しい現実だが、諦め、受け入れてしまえば、そこまで最悪ではない一面もある。

本書のルポルタージュは「地方の貧困の現実と、そして大都市圏のすごく近い未来、未来の現実」が描かれているだろう、と言っておきます。

日本の貧困女子　目次

第2章 民生委員が見た北関東の実情 081

パート先で相手を見つける。不倫売春というか、要するにお金を介在した不倫

第3章　地方出身、東京在住の貧困女子

本当に仕事がない。
地方は本当に終わっていますよ

第４章　沖縄、最貧困の果てに　195

中学生からキャバとか風俗で働く子はたくさん。それが普通

第1章
東京とは異なる、北関東の女性の貧困

地元が閉塞して未来がないのがわかっているのは、頭のいい人だけ

この前、母親の首を絞めてしまった。
でも後悔はしていない。
この現状から早く逃げたい。

お金は生活費とか返済に使っているんだろうけど、結局、私が銀行から下ろして現金を渡しても、母親が管理しても同じ。じゃあ、通帳を返してもらって私がお金を渡せばいいよね、って話をしたとき、母親はヒステリックになって怒鳴り散らして、絶叫して拒絶した。すごく怖くて、もう、いいやと思っていたけど、いい加減この状況おかしいって。それで、10日前に「返して!」って強く言ったんです。

——茨城県某市在住、メーカー系研究所非正規職員。25歳。

人生を悲観するのは、母親の過干渉、支配、暴言暴力

高速に乗って、茨城県某所にむかう。昼間だったが、インターチェンジを下りてから数キロ、通行人は誰もいない。潰れて錆びたシャッターが閉まっているパチンコ店や小さな商店、古い住宅が並び、たまに軽自動車がすれ違った。

シャッター商店は２０００年に大規模小売店舗立地法が撤廃されたことによる商業施設の大規模化、郊外化がもたらした副作用で、衰退する北関東を象徴する風景だ。どれだけ国道や公道を走ってもあまりにも人がいないし、廃墟と化した建物や商店が多すぎた。もはや手遅れという印象だ。

常磐自動車道から国道と県道を乗り継ぎ、住宅と農地、たまにチェーン系の飲食店が通りすぎる。助手席に座りながら、目的地の自治体のホームページを眺めた。前向きな言葉で子育てしやすい街であることをアピールし、これから観光地としても発展させたいようだった。イメージアップをして観光客や他地域の住民を呼び込みたい、県や自治体の必死さがひしひしと伝わってくる。

３時間くらいかかっただろうか。茨城県某市の中心地にようやく到着した。茨城県はと

にかく全体的に人気がない。誰か知り合いが旅行や観光した話はあまり聞いたことがなく、それは民間の調査にもあらわれている。

47都道府県を対象にした認知度、魅力度、イメージなどを調べた「地域ブランド調査による魅力度ランキング」（ブランド総合研究所）で、茨城県は２０１３年～２０１８年まで6年連続最下位であり、日本でもっとも魅力のない県として君臨している。

その市街地の中心地は整備され、きれいだった。大きなシティホテルや各種商業施設、チェーン系の飲食店が並んでいる。インフラが揃った新しい街という印象だ。整備された中心地はそれなりに煌びやかな雰囲気は形成されていた。しかし、肝心な人通りはほとんどない。いま、平日19時。閑散という言葉がこれほど当てはまる風景はないというほど、ひっそりと静まり返っていた。

茨城県某市在住の畑中祥子さん（仮名、25歳）は先日、〈この前、母親の首を絞めてしまった。でも後悔はしていない。この現状から早く逃げたい。〉という悲痛なメールを送ってきた女性だ。ここから車で15分くらいの住宅街に母親と2人で暮らしている。

中心地のシティホテル内にあるお洒落なカフェ。彼女はカラダが小さく、おとなしく地味、年齢よりも幼く女性というより女の子という印象だった。

この先、なにもいいことないと思うのであと5年くらいで死にます。たぶん、自殺すると思います。生きていても、なにもいいことはないだろうし、もうそれでいいです。

席に座るなり、真顔でそんなことを言いだした。自分自身と将来を悲観しているようだ。そして、同時に自分のことを話したい、伝えたいという意志を感じる。

閑散とした店内はとても静かだった。音楽もない。客は我々以外に誰もいないので、「死にます」という決して大きくはない声が響く。病んでいるようには見えなかった。

地元の公立進学校を卒業し、家庭の事情で大学進学は諦め、ずっと非正規職を転々としている。現在は県内にあるメーカー系研究所の非正規職員で、時給は地域では破格な1400円という。手取り収入は18万円程度と悪くはなく、職場や仕事に対してはなんの不満もないという。

どうして5年後くらいに死ぬつもり、なのだろうか。

家庭に問題があった。父親は関西地方に出稼ぎ中で、老朽した木造一軒家に51歳になる母親と住んでいる。父親が祖父母から相続した父親名義の所有物件で、家賃はかからない。母親は無職、出稼ぎする父親からの仕送りで生活している。母親は仕送りだけでは「お金が全然足りない」と、娘の収入も家計に組み込んでいる。給与が振り込まれる銀行カードと通帳は、高校卒業してからずっと母親が管理し、今年で7年目。母と娘の間で、お金にかんしてのトラブルが起こったようだ。

事件が起こったのは、10日前。

畑中さんはずっと真面目に働いている。しかし、母親から渡される小遣いは月2万円だけ。携帯代、昼食代、ガソリン代でなくなってしまう。母親はお金のことをいうと露骨に嫌な顔をする。基本的にいつもお金はなく、いつも貧乏だ。遊びに行くことも、美味しいものを食べることもできない。3、4年前から母親に収入を管理されるのはおかしいと思い、最近は何度も銀行カードと通帳を返してほしいと伝えている。そのたびに言い合いとなり、親子喧嘩になる。

通帳とカードを渡してくれないのは、生活費とか借金返済とか、生きていくのにすごくお金がかかるからみたいな理由を言っています。この1年くらい、ずっと母親と話し合っているけど、向こうは本当に嫌がる。車検だからとかお父さんのお金だけじゃ足りないとか、なにかしら理由を言われて、このままお母さんが管理するってなるんです。

社会人になってもお金を管理され、お小遣い制のままだ。お小遣いも母親から渋々渡される。舌打ちされることもある。母娘の関係は子どもの頃から、なにも変わっていない。成人しても、25歳になっても厳然とした主従関係がある。ずっと母親に従順に従っていたが、20歳を超えたあたりから少しずつ疑問を抱くようになった。

現在、母親との関係は冷めきっている。給料日だった10日前、彼女は腹をくって母親に「カードと通帳を返してほしい」と迫った。

お金は生活費とか返済に使っているんだろうけど、結局、私が銀行から下ろして現金を渡しても、母親が管理しても同じ。じゃあ、通帳を返してもらって私がお金を渡せばいいよね、って話をしたとき、母親はヒステリックになって怒鳴り散らして、絶叫して拒絶した。すごく怖くて、もう、いいやと思っていたけど、いい加減この状況おかしいって。それで、10日前に『返して！』って強く言ったんです。

母親は最初、親への口の利き方を怒った。いつもなら、娘はそれでシュンと小さくなって終わる。でも、いつもと違った。本気だった。カードと通帳を返してしまうと、自分が遊んだり、買い物をするお金がなくなってしまう。返却を拒絶して抵抗した。腹をくっていて引き下がらない。

母親は大声で怒鳴って、絶対に渡さないと暴れた。取っ組み合いだ。泣き叫んで食器や缶ジュースなどを投げた。リビングに割れた食器の破片が散乱している。修羅場となった。

畑中さんが「死ぬつもり」と人生を悲観する理由は、母親の過干渉、支配、暴言暴力だった。典型的な毒親問題だ。過干渉の母親が求めるように従順な子どもで、疑問を抱いてからも母親が望む子どもを演じてきたが、限界がきてしまった。畑中さんのなにか決意したような真剣な表情を眺めていると、かなり深刻な状態で、母親が望む現状維持での修復は不可能に思えた。

「なんかプツンってきちゃって、母親の首を絞めました。気づいたら本気で手をかけてて、母親は病弱、このままやったらすぐ死ぬんだろうなと思いながら絞めました。よく覚えてないけど、殺意はあったかもしれない。母親は表情が潰れた感じで、本気で苦しそうでした。歪んだ顔を見て、死ぬかもしれない。こいつが死んだら、私捕まるなって思った。こんな人間のために刑務所に行くのは、すごくしゃくに障るって思った。で、やめたんです。手を首から離しました。

「おまえを絶対に許さない!」

本気で首を絞められた母親は、せき込みながら絶叫した。近所の人が集まるくらいの大きな怒声を張りあげ、怒り心頭のまま玄関を開けて車に乗った。ドアを閉める音で激高しているのはわかった。不思議と怖くなかった。

母親は被害を訴えに地元警察に駆け込んだ。警官に「いま、娘に殺されそうになった。首を絞められた」と伝えた。「娘さんを逮捕しますか?」と、警官は確認した。母親は逮捕という言葉を聞き、冷静になった。「いや、逮捕はいいです」と、そのまま帰ってきたという。

10日前のその事件により、母娘の関係は完全に破綻した。母親への苛立ちと怒り、胸のなかにあるモヤモヤ感は大きくなるばかりだ。しかし、誰かになにかを話したくても、畑中さんには話を聞いてくれる友達はいない。

（母親から依存され、金銭的要求が止まらず、昼職しながら援交や風俗までしてしまっています。

母親から金を要求されるたび、暴言吐いたり暴力ふるってしまっている。父親や兄は使い物にならない。すべての、負担が自分にくる。ツライし、苦しい、どうしていいかわからない。

この前は母親の首を絞めてしまった。でも後悔はしてない。この現状から早く逃げたい。）

殺意を持って母親の首を絞めてしまった翌日、勢いに任せて文章を打ち込み、彼女は我々にメールしている。

初めてできた彼氏に、「消費者金融から借金して」と頼む

20時。ホテルのカフェに入店して1時間が経った。相変わらずお客は我々しかいない。

10日前に殺意を持って母親を殺そうとした、という深刻な話になったが、店内はずっとシーンとしている。

おそらく深刻な赤字経営だろう。女性店員も閑散に慣れた様子で、静かな店内で退屈そうに立っている。彼女に、さらに事情を聞く。

母親は20年前から重症の拒食症を患って、骨と皮しかないような痩せ細った体型のようだ。記憶にある限り、物心がついた頃から病弱であり、働いている姿は見たことがない。父親はパチンコ依存症だった。中学生の頃、消費者金融からの300万円の借金を残して突然蒸発した。年老いた祖母が請求された300万円を支払い、父親は数カ月後に家に戻ってきたという。

地元に父親を雇用する仕事はなかった。それから寮のある関西方面の工場に出稼ぎに行くようになった。母娘で暮らすようになって10年以上が経っている。父親がどれくらいの金額を仕送りしているのかは、彼女は知らない。

最近はたまにしか会わないけど、父親はメチャクチャな人。パチンコで負けて母親とけんかして家に火をつけたり、仕事も全然続かない。ろくでもないです。そんな家なので、ずっと貧乏。母親はずっと私を支配しているというか、依存しているというか、首を絞めて殺そうとした10日前まで母親の言いなりの人生でした。自分じゃなに一つ決められなくて、カードを返して以外になにも意見を言ったことがないし、全部母親に言われるがままでした。

中学、高校といじめられていたという。女子からはブス、死ねとののしられ続け、今も地元には誰も友達はいない。子どもの頃から会話をするのは、ずっと母親だけだった。成人してカードと通帳の疑問符が浮かぶまで、母親の言うことはすべて正しいと思っていた。病弱で家にいるだけの母親も従順な娘に依存し、過干渉になった。

実際に部活、進学、買い物、人間関係とあらゆることに口出しをされている。大学進学しなかったのも、母親の意向だった。心のなかでは大学進学したかったが、従った。

今思えば、母親には全部否定されて生きてきました。中学校のときに漠然と、将来は先生になりたいと思っていたけど、「あんたじゃ無理、できるわけがない」みたいな。あと、いつも親戚とか人と比べられて、勉強とかスポーツとか、なにもかも中途半端だからバカにされるし、お母さんも恥ずかしいみたいな。「誰々ちゃんはこうなのに、なんであんたはこうなの？」とか。いつもそんな感じでした。

勉強はできた。公立進学校に進んだ。母親に否定され続けて、高校生の頃には先生になりたい夢は消えていた。自分の家が貧乏だと気づいたのは高校2年生のとき、母親は口癖のように「お金がない、苦しい」と繰り返して口にするようになった。

都内の私立大学に指定校推薦をもらえる評定はあった。しかし、母親は大学進学にとことん反対した。「家が苦しいんだから、大学進学だけは絶対にダメ」と何度も、何度も言い聞かせた。大学には行きたかった。

進学は重大な問題である。諦め切れずに進路について相談をして、大学という言葉をだすと、母親は鬼のような形相で怒鳴ることもあった。最終的には母親だけでなく、親戚、父親などにも「大学なんて行くもんじゃない、とんでもない」と次々に言われた。親の協力がなくては進学できない。諦めるしかなかった。就職を希望したのは、学年で1人だけだった。

家が苦しい。だから、自分は働かなきゃみたいな洗脳です。お母さんとか親戚が代わる代わる大学はダメって。学歴が低いと賃金が低いとか人生が不利になるとか、そのときは全然知りませんでした。自分が働いて母親を支えるって。使命感というか、そういう意識はあった。だから先生には最後まで進学を勧められたけど、母親は絶対に許さないだろうし、進学しないことが正しいって思い込むようになっていた。だから先生の意見は聞きませんでした。さっさと働こうって思っていました。

進学校なので高校に就職の情報とつながりがなかった。毎年、生徒を工場に送りだす下位高校は学校と企業がつながっていて、すんなりと就職先が決まる。しかし、進学高の畑中さんは新卒正社員の仕事を見つけることができなかった。地元には非正規職の工場や倉庫、介護くらいしか仕事はなく、正社員になるためには通勤に車は必須だったので断念した。

卒業してすぐに徒歩圏のパチンコ屋でアルバイトをはじめた。19歳のとき、携帯販売の代理店に転職。どちらも時給の非正規雇用である。

そのときは、家からでる選択肢は自分の中になかった。母親のそばにいたいと思っていたし、車もないし、通える範囲の仕事をしてパチンコとか携帯販売のアルバイトってことに不満はなかった。ただ、銀行の口座を作って最初から母親が管理して、給与は本当に全部母親に渡していた。仕事の同僚にそれを言ったら『それ、ちょっとおかしいよ』って言われたけど、自分はずっとおかしいとは思っていませんでした。

イジメられていた畑中さんに、友達はいない。地元では孤立している。仕事先の同僚も年上ばかり、いつも寂しかった。ある日、出会い系サイトに登録した。メッセージをもらって何人かとやり取りし、気が合った4歳年上の男性と付き合った。大学卒業して2年目の社会人で、初めての恋愛、初めての恋人だった。

付き合って2カ月くらいしたとき、母親に彼氏ができたって話しました。彼氏の学歴とか仕事とか聞かれて、母親は『その人にお金を借りて』って。消費者金融にお金を借りて返済できなくて困っているって。今すぐ電話して15万円を借りてほしいって。えっ、って思った。おかしいし、嫌だって思ったけど、でも母親の言うことは絶対。彼氏に頼みました。そのとき、初めて母親に疑問が浮かんだ。おかしいと思った。

彼氏は15万円を渡してくれた。月1万円ずつ返済する約束をした。母親に15万円の現金を渡すと、奪うようにお札を握って国道にあるATMに返済しに行った。

借金は、相手にすごい罪悪感があった。とんでもないことをしたって思った。その罪悪感を消すために、相手のことを好きじゃないって思い込むようにしました。だから会う回数も減らして、「仕事忙しいからあんまり連絡返せない」って、あまり会わないようにして、お金は全部返しました。最終的には自分が本当に1カ月、2カ月ぐらい連絡一切返さないで、向こうから「別れよう」と言われた。黙って、うなずきました。

お金を借りてしまって相手に申し訳ない、引け目があるので好きになってはいけない、と思い込んだ。生まれて初めての恋愛は、なに一ついい思い出がないままに終わった。

楽しいかなってずっと想像していた恋愛すら、なにも楽しいことはなかった。生きること、そして未来への悲観はさらに大きくなった。この頃から「もう、死んでもいいかな」

という気持ちが芽生えたという。

母親に給与を奪われ、ローンで中古車を買い、風俗のアルバイト

リビングでテレビを観ていた母親に、車の免許を取りたいと頼んだ。しばらく聞いていないふりをしていた。声のトーンをあげて何度も頼み、渋々了承した。教習所に通い、車の免許を取った。

北関東は車社会だ。都道府県でみる車の保有台数は1位群馬県、2位栃木県、3位茨城県で北関東が上位を独占している（自動車検査登録情報協会調べ）。現役世代の県民一人一台が当たり前であり、県民のほぼ全員が自家用車で移動している。一般的に車通勤なので、自動車運転免許がないと勤務先はバス圏、徒歩圏に限定される。非正規職でも数えるほどの選択肢しかなくなってしまう。月2万円のお小遣いだけでは車は買えないので、本当になにもできない。

母親に普通の生活をするために、ダブルワークすることを伝えた。

ローンで中古車を買って、風俗のアルバイトをすることにしました。それまで考えられ

ない世界だったけど、働けるのが土日だけとなると、本当に風俗しかない。男性に性的サービスをして、どうして自分はこんなことをしているんだろう、しなきゃならないんだろうって思いました。母親にお金をとられているのはおかしいと思うようになって、通帳とカードを返して欲しいって話もするようになった。それからはいがみ合いばかりです。

北関東だけでなく、地方は「家を大切にする」「複数の家族で世帯収入を支える」傾向がある。2世帯、3世帯で暮らすことが一般的で「実家をでる」という意識は薄い。結局、家族同士が経済的に支え合う、依存する家庭環境から生まれた貧困だった。

父親のパチンコ依存で家庭は貧しく、人間関係が血縁関係しかない母親は経済的にも、関係性的にも、目の前にいる娘に執着した。家庭に閉じ込められて孤立している娘も、ずっとそれが当たり前だと思っていた。

世帯収入の低い貧困家庭は使えるお金は限られる。世帯の経済を管理する母親は支配下にある娘より、常に自分を優先した。結果として経済的虐待が日常となって、大学進学を諦めさせて、社会人になってからは給与を奪った。そして、娘はどうにもならずに風俗勤めするまで追い込まれた。

畑中さんは小学校から高校まで、ずっとクラスヒエラルキーは一番下だったという。見た目から地味でおとなしい女性だ。地味な女性が思い切って女を売る水商売や風俗の仕事をすることで、知らなかった世界で自覚のなかった才能やモチベーションが開花することもあるが、彼女はお金のためだけに仕方なく従事していた。

畑中さんは明らかに女を売るような仕事に就くようなタイプではない。おそらく目の前の現状では売れることはない。容姿や体型で優劣がつけられる風俗嬢になったことで、さらに自己評価が低下していた。いまも週1日か2日、後ろ向きの気持ちのまま男性相手に性的サービスを提供している。望まない性行為、性的類似行為は精神的な負荷が大きく、いいことはない。

日本は2005年にはじまった性風俗の無店舗化以降、全国にデリヘルが張り巡らされ、いつどこにでも女性が派遣できるよう整備されている。そんななかで現在、デリヘルを中心に性風俗の世界は、彼女のような一般女性であふれ返っている。一般女性とは大学生であったり、非正規会社員であったり、母親であったりする普通の女性たちだ。

私がよくいうことだが、その国や地域の状態は、そのエリアで暮らす女性たちの動向にすぐに現れる。データがとれないので知られていないが、女性の売春は国や地域の一つの指標になる。簡単にいえば、豊かな国や地域ではカラダを売る女性の割合は少なく、貧しくなると反対に高くなる。日本は2000年代以降、カラダを売る女性がどんどんと増えている。性風俗もアダルトビデオも、売春もパパ活も、需要を超えて供給過剰になり、女性のカラダやセックスがデフレを起こしている現状がある。

一般女性まみれの性風俗の現状は、2005年以前だったら考えられなかった。店舗型の規制と新規開設を厳しくした2005年の風俗営業適正化法改正による性風俗店の無店舗化（デリヘル化）、誰でも応募ができるインターネット高額求人サイトの充実に、女性の貧困化が重なって一般化に拍車がかかってしまった。

茨城県の地元では子どもの頃から地味でおとなしく目立たない存在で、男性経験はほとんどなく、昼間にフルタイムで働く畑中さんが仕方なく性を売ることは、これまでの社会ではほとんどなかったことだ。地味でおとなしい性格で、男性経験は少なく、昼間の仕事に常勤する彼女の性風俗従事は、現在の日本の異常事態を象徴している。

お金のためだけに、最終手段に手をだした畑中さんは「風俗勤めは恥ずかしい」という意識があった。女や性を売る女性に対する偏見や差別は、おそらく売春が生まれた江戸時代以前からずっと受け継がれている。多様な人々が集う都会では女や性を売る仕事は、最近になって認める部分もあるが、家族や地域が残る地方ではそうはいかない。夜の世界の女性への偏見は強い。彼女自身も「職場の同僚や近隣住民、同級生にバレるのは絶対にさけたい」といっている。

毎週土曜日、買ったばかりの中古軽自動車に乗って隣県にある繁華街まで出勤している。ずっといじめられっ子で人は苦手だ。異性にも縁はない。それまでの人生では知らない男性と性行為するなど考えられなかったが、母親に給与を奪われるなか、車のローンを組み、返済のためには仕方がなかった。

――働いても給料がとられてしまうのでは生きていけないね。

母親からのマインドコントロールも解けて、風俗で働きながら〝どうして私がこんなことをしなきゃならないの〟って思うようになりました。割り切っていますけど、風俗の仕事はすごく嫌です。

――やっぱり、カードと通帳を返してもらうしかない。

だから、勇気をだして母親に風俗をしているって言いました。そうすれば、すごく怒られて、通帳とカードを返してくれると思った。辞めなさいって言われると思った。でも、母親は聞いていないフリ。カミングアウトはスルーされました。そのとき、母親の正体がわかったというか、自分にとって必要がない人、害を及ぼす人だと理解した。もう、本当にダメだと思った。

車通勤できるようになったので、時給が高かった今の職場に応募した。立ち仕事ではなくなり、ノルマもない。仕事は断然楽になった。一時期は風俗に土日全部出勤して月20万円くらい稼いだこともあったが、耐えられなくなることはたびたびだった。

母親は「お金がない、苦しい」とか。「あなたダブルワークしているなら、もっとお金をだせ」とか。そんな話しかしません。母親本人は毎日、お菓子とかハーゲンダッツとかたくさん買って悠々自適です。1年くらい前から母親が死なないかって思うようになりました。拒食症はまだ続いていていて、1週間アイスしか食べないような状態です。体重は25キロくらいかと思う。だから死なないかなって。今日も帰って母親が死んでいたらラッキーだなって、そう思っています。

もう家では、母親と会話はない。恋人に借金をさせてからだんだんと距離ができ、たまにしゃべることはお金のことだけ。

娘を思い通りに操れなくなった母親は、自分自身を悲観するようになった。あんなクズみたいな男と結婚したことがいけなかった、あんたみたいな子どもを生んだことが間違いだった、あんたなんて捨てればよかった、そうしたら、お母さんの人生はもっと幸せだった——みたいなことを、痩せ細ったカラダを震わせてひたすら吐き捨てている。母親の言葉はすべて人のせい、家族のせいだった。

そして10日前、殺意を持って首を絞めてしまった。

この10日間、すごく考えて、母親を捨てることにしました。銀行口座を新しく作って、家を出ます。母親は生きていけないでしょうが、もう知ったことではありません。隣の県に安いアパートを見つけて、2、3日中に契約します。家をでて、母親と断絶します。もう、一生会うつもりはないし、死んじゃっても葬式にも行きません。

ここから50キロ以上離れた隣県に引っ越して、現在の職場に車で通うという。職場からは了承された。母親は地方で出稼ぎする父親が面倒をみるか、生活保護か。手取り18万円ある。母親を捨てて、家をでれば、性風俗のアルバイトをしなくても生活はできる。風俗の仕事からも足を洗うと決めた。

子どもの頃から母親と共依存みたいな状態でした。時間がかかったけど、やっと目が覚めました。30歳まであと5年くらい、隣の県でひっそりと生きて、それでたぶん自殺します。もう、自分になにもないことはわかっているし、風俗なんてしてしまったので結婚とかも考えられない。だから、それでいいです。母親と絶縁するだけで幸せはないけど、苦しさはなくなります。

30歳になる5年後、本当に自ら命を絶つつもりなのだろうか。自死の話には触れず、母親と絶縁すること、茨城県から逃げることは大きくうなずいた。なんとか逃げ切ってほしいと思った。

そしてホテルのカフェには、最後までお客は誰も来なかった。我々が会計をすると看板の電気は消え、閉店した。

元夫との長男と、未婚の元恋人との長女

畑中さんとの出会いが北関東取材のはじまりだった。

毒母による支配と依存から深刻化した貧困だけでなく、移動中の風景や閑散とした街の状況、諦め切った表情、雰囲気が脳裏に刻まれていた。ミクロな個人の問題だけではなく、北関東という地域全体がなにか得体の知れない事態になっているのではと、直観的に感じた。

北関東は栃木県、群馬県、茨城県の3県。もしくは、埼玉県北部を含めた4県を指す。北関東の各県は知名度が低く人気はない、全国区の観光地が少ない、工場地帯、車社会、性風俗やギャンブルが盛ん、東京圏のベッドタウンなど、類似点がたくさんあり、どちらかというと魅力に乏しい似たような地域であるといえる。

すぐに国が発表する貧困率、失業率などのデータを調べてみた。北関東の各県は他都道

府県と比較して、突出する低さ、または高さはなかった。

埼玉県北部のある駅前にきた。東京から2時間ほど。車窓からは田園風景と住宅がずっと続き、駅周辺だけわずかに商業施設があり、ポツリポツリと人通りはあった。

東京山手線内を中心として、線路は東西南北に張り巡らされている。どこの方角でも列車に40分も揺られると、郊外や地方の風景となる。まず驚くのは、北関東の人の少なさだ。商業施設があるのに人がまったくいないことがめずらしくない。経営は大丈夫なのかと、東京に慣れていると感じる。駅前や繁華街に僅かでも人がいると、ホッとする。

私、子どもを虐待しているかもしれません。

沢田綾子さん（仮名、42歳）はファミレスに入ってくるなり、そう語りだした。

一つの貧困を取材すると、似た境遇の女性から「私の話も聞いてほしい」という連絡がくる。北関東出身の沢田さんはそのケースだ。貧困の取材は自分の状況を語りたい女性に会いに行ってるため、出会ってかなり早い段階で核心に近い言葉が漏れてくることが多い。

貧困女性の語りの聞き取りは、正直、どんな話がでてくるかわからない。私はあらゆる内容に対応するために自分の精神的な調子を整えて、長年の取材で培った傾聴術を駆使してのぞんでいる。特に話を聞き取りする場所や相手の表情や機嫌、服装、持ち物など、非言語コミュニケーションは重要だ。

沢田さんは少し顔色が悪く、喜怒哀楽をあまり感じない表情だった。しかし、口調や声のトーンははっきりしていて語りたい意志を感じる。店内は昼時で混みあっていた。すぐにセンシティブな内容になる予感がした。場所を変えようか迷った。声は若干大きめで、控え目に判断しても隣の席の人に聞こえている。

中断して移動か続行か。彼女は誰に聞かれてもかまわないといった様子だったので、そのままファミレスで続行することにした。知らない町でゼロから場所を探すのと、望ましくない環境でも継続かの選択だ。原稿やマニュアルがあるわけでない人の言葉や語りは、一期一会であり、環境や気分によって変化する水物である。聞き手は常に最大公約数の成果が得られる選択をしなければならない。

〝虐待しているかもしれない〟子どもは、6歳の保育園に通う長女という。

もう、毎日、毎日、ずっとイライラしています。最近、子どもに暴言を叫んでいることに気づきました。朝や夜、必ず子どもに怒っているんです。うるせーんだよ！　静かにしろよ！　早くしろよ！って。

バツイチのシングルマザー、近くの県営団地に家族3人で住んでいる。低所得なので減免を受けて家賃は月7700円と破格に安い。家族構成は複雑で現在中学生の長男は元夫との子、6歳の長女は未婚の元恋人との子どもである。

明らかにネグレクトです。上の子が中学生になって、お風呂に入れるとか着替えさせるとか、いろいろ押しつけるようになりました。私は基本的に、一日中ぼーっと寝ているだけ。カラダを動かすのは彼氏に会いに行くときくらい。育児をする気が起きません。

一家が暮らす団地は、いつも母親の怒鳴り声と子どもの絶叫するような泣き声が聞こえる。母親が育児をする気が起きないので家庭は荒れている。毎日、母親のヒステリックな怒声でうるさい。隣近所にも嫌われている。

シングルマザーや貧困家庭が集まる団地は、団地内に自然発生的なコミュニティーができたりして、自発的に互助が行われていることが多い。しかし、貧困のセーフティネットにもなる近所付き合いは一切ないようだった。保育園のママの中でも浮き、ネグレクトや虐待の自覚があるのでママ友にとても溶け込めない。孤立している。子どものため、また自分のためにも、孤立はいけないと思っても、虐待やネグレクトをやめること、人間関係を改善することはできないという。

出身は栃木県某市です。苦しすぎて、嫌すぎて、埼玉に逃げました。それから離婚したり、精神疾患になったりして、ずっと苦しい生活は続いています。離婚したのは震災の年、最終的に本格的に精神状態がおかしくなって。境界性パーソナリティ障害、しばらくして解離性障害もあると診断されました。働くことはドクターストップがかかっています。だからこの8年間、ずっと無職です。

障害者手帳は3級で、無職だ。世帯収入は厳しく、長男の父親である元夫からの養育費4万円、児童扶養手当5万2900円、児童手当2万円。この8年間は月11万2900円の収入だけで3人家族は暮らしている。6年前、厳しい経済状態の中で、父親のいない長女を出産して扶養家族が増えてしまった。安い家賃など、様々な減免があってなんとか最低限の暮らしを送れている。

気になるのは「栃木県某市から苦しくて逃げた」ことだ。いったいなにがあったのか。

私がおかしくなったのは、育った環境からだと思う。実家は旧家の本家、本当にお兄ちゃんしか大切にされなかった。私は親から愛された記憶は一切ないし、人間扱いされないというか。子どもの頃から今に至るまで本当にどうでもいいって感じです。親に褒められようと頑張っても、おまえは恥ずかしい子、外を出歩くなみたいな。学校ではイジメられて、家では恥ずかしい子扱い。子どもの頃から、ずっとひたすら淋しかった記憶があります。

家を継ぐ長男の極端な優遇は、北関東の広い地域で残る風習だ。彼女だけではなく、これまでの取材で同じようなことを何度も聞く。年子の兄は頭脳明晰で成績優秀だった。両親の愛情と期待は、さらに長男だけに集中した。彼女は生まれたときから、一言すら褒められた経験はないという。

男の人に依存するようになったのは高校時代から。家族からの扱いはひどかった。けど、いつも男の人だけは優しくしてくれた。実家を出たのは専門学校在学中。付き合っていた年上の男と、埼玉の大宮に駆け落ちした。学校は辞めて水商売しながら、ずっと一緒にいたくてその男と同棲しました。私はすごく稼げてお金には困らなかったけど、相手はギャンブル狂いで借金まみれでした。

娯楽の少ない北関東はパチンコ、パチスロ、競艇などのギャンブルが盛んだ。4歳上の恋人はパチンコとパチスロ好きで、暇さえあればパチンコ店に通っていた。稼いでもすべてギャンブルに消費して、最終的には数社のカードローンが満額になった。総額300万円近い借金だった。

怒りっぽい粗暴な性格で、ギャンブルに負けると私にあたる。殴られたり、蹴られたり。暴力が日常になって、嫌になって別れたいと言ったときから、凄まじい暴力を受けるようになった。その人は末っ子で、私と同じ境遇だった。親が長男ばかりかわいがって父親から虐待を受けていた。それでグレてそういう性格になってしまった、みたい。自分の思い通りにならないと、本当に狂ったように暴れるんです。

兄の子供を殺しに行くしかない

ある日、殺されるのではないかと思うほど、殴られた。鼻血がでて血まみれになっても、暴力は止まらなかった。裸足で逃げた。男は怒鳴って追いかけてくる。車に飛び乗って、ジンジンと染みてくるような痛みに耐えながらハンドルを握った。栃木県の実家に助けを求めた。

久しぶりに実家に戻ると、居間に両親と兄がいた。ケガの手当てはしてくれた。そして数時間後、追いかけてきた男が実家までやってきた。

男は実家に上がり込んできて、私を無理やりお姫様だっこして外に連れだした。で、放り投げるようにして車に乗せられた。私は親とお兄ちゃんに「助けて！」って叫んだ。何度も何度も叫んだ。でも、家族全員黙ったままで私を見ようとしない。後ろ姿に何度も助けてって叫んだけど、ダメでした。結局、連れ戻されてまた同じ生活です。そのとき、本当に誰も助けてくれないことを悟りました。

昼時のファミレス。隅の席に座る沢田さんの独白は続いた。相変わらず、声が大きい。隣の席に座る客は、時折、我々のほうを眺めている。

駆け落ちしてひたすら暴力をふるう男から逃げることができたのは、18歳のときだった。

10代後半から本格的に男に依存するようになりました。寮付きの水商売を転々として、優しい言葉をかけられたらすべてOKしていました。優しくされるだけでうれしかった。断れないし、断る理由がなかった。私を好きでいてくれるだけで嬉しかったので、恋人を1人に絞るみたいなことができなくて、男関係はずっとメチャクチャです。

この7年間ほど、ずっと心療内科に通っている。カウンセリングでは自分のことを語る。自分のこれまでのことを語りながら整理する。ネグレクトに近かった育った環境と、男に依存する性格とのつながりは語りながら気づいたことだった。

ホステスだったので、男の出会いはたくさんあった。ひたすら男性との関係は増え続けた。同時進行した関係の最高は7人の恋人と、3人の肉体を目的にした友人関係。プライベートな時間は限られるので1日、何人もと重なることがある。予定を覚えきれず、混乱するほどだった。

そして27歳のとき、長男を妊娠した。フェイスブックで知り合った男性で、7歳年上の新聞配達員だった。収入が低く、貧困に近い男性だったが、結婚することにした。実家から離れて10年近くが経っていた。妊娠がわかったとき、最初に浮かんだのは両親の喜ぶ顔だった。

長男を妊娠して、両親が喜ぶ顔が浮かびました。お兄ちゃんはまだ子どもができていなかったから、初孫だって喜んでもらえるかなって。中絶してもよかったけど、両親の喜ぶ顔に期待して結婚と出産を決めた。兄の嫁にも何度も電話して出産の予定がないことを確認した。それで、婚姻届をだしました。

やがて長男が生まれて、しばらくは両親も孫をかわいがってくれた。しかし、長男2歳のとき、兄嫁から妊娠を聞いた。両親は「やっと、跡取りが生まれる！」と喜び、大騒ぎとなった。それ以来、長男への関心を失ってしまった。

たぶん精神がおかしくなったのは、兄嫁の妊娠を聞いてから。お兄ちゃんの家に子どもが生まれなければ、状況は全然違った。私は初孫だったので両親にかわいがってもらえるって舞い上がっていたので、地に突き落とされた気分でした。兄の子どもを殺しに行くしかない、と本気で思った。本当に殺す、殺そう、殺すしかないって。殺す、殺す、殺すなど、異常な言動をするようになって、夫に心療内科に連れて行かれました。

境界性パーソナリティ障害と診断された。気分の波が激しく不安定で、強いイライラ感が抑えられなくなる症状がある。診断書を持参していたので確認した。女性の貧困や売春を取材していると、よく耳にする障害だが、自傷を繰り返したり、パートナーに依存してなにか気に食わないことがあると徹底的に暴れたりする人が多い。

幼い時期に母親と安定的な関係が築けなかった、親から褒められたり認められた経験不足が、発症の原因になることもあるという。

言いにくいのですが、誰かと肉体関係がないと不安になるんです。結婚してしばらくはよかったけど、夫に毎日毎日求めてしまった。あるときから夫は求めるほど、逃げていきました。疲れているとか、もう勘弁してくれとか。それでイライラして暴れたり、見捨てられたと延々泣き続けたり。そんなときに出会い系サイトを知った。そこでの男性との出会いに依存するようになりました。

最終的に肉体関係を拒否する夫に暴力をふるった。衝動的に暴れてしまってまずい、いけないという自覚がありながら自制ができなかった。夫に対して殴る蹴るがとまらない。当たり前だが、暴れるほど、夫婦関係は険悪になる。

それと、出会い系サイトでの男漁りが止まらなくなった。アプリを使えば、男は簡単に見つかる。長男の育児を放りだし、毎日のように知らない男と不貞行為を続けた。34歳、夫の強い要望で離婚した。養育費は月4万円となって、元夫は現在も払い続けている。

夫に逃げられて、常に不安定な沢田さんと就学前の長男が残された。どうしていいかわからなくなり、最後の願いと思って母親に「(実家に)帰っていい?」とメールした。離婚後、長男を連れて実家に戻った。

震災の年です。実家に戻ったら、両親にとことん離婚を責められました。「ここはお兄ちゃんの家、あんたは置いておけない」「やり直せ」「夫婦は一生添い遂げるもの」って。この家から子どもを小学校に通わせたいって土下座して頼んだ。けど、結局、ひたすら罵られて追いだされました。子どもは養護施設に預かってもらいました。そのとき心が完全に壊れた。毎日、起きると涙。布団に入ると涙、みたいな。

さらに解離性障害と診断された。就労はできないと、ドクターストップがかかった。働くことだけではなく、恋愛も精神状態が不安定になるからと禁止された。親も兄も疎遠となって、どこにも友達もいない。孤独でおかしくなりそうになった。孤独から逃れる手段は出会い系サイトしかなく、医師の意見を無視してひたすら見知らぬ男と会うようになった。

もう、数えきれないほどの男性に会いました。本当に数えきれない。自分でもわけがわからない感じで、男の人に優しくされたくて、優しい言葉をかけてもらいたくて、ひたすらメッセージのやり取りをした。

現在暮らす埼玉県の団地に引っ越して、常に5、6人と恋愛を同時進行している。家で寝ているか、見知らぬ男性と会っているかの生活だ。そして6年前、振り込め詐欺メール送信業者の男性と知り合った。大勢の中の1人だったが、彼との子どもを妊娠してしまった。

相手は収入が低かったので、妊娠はショックだったみたい。結婚も乗り気じゃなかった。結局、認知だけしてもらって産むことにしました。無職で収入もないのに大変ってわかっているけど、子どもだけは私の近くにいる。だから欲しいなって思った。そんな感じで、6年前に長女が生まれました。

男は認知だけして、病院に見舞いにもこなかった。両親にも出産予定日を連絡したが、興味なさそうにカラ返事をされただけ。誰にも相手にされない孤独の中での出産となった。

なかなか生まれなかった。とにかく難産で帝王切開となって、長女はやっと生まれた。本当に苦しい出産だったが、労ってくれる人は誰もいなかった。そして、生まれてきた長女を愛おしいともかわいいとも思わなかった。

――どうして長女をネグレクトしちゃうの?

4年前、長男を養護施設から戻して、一緒に住むようになりました。長女のことは3歳まではちゃんと面倒みていた。でも、だんだんと育児が嫌になった。それで、今みたいに育児を長男に押しつけて、それで私はまた出会い系サイトに依存です。

――子どもより自分のことを優先してしまうと。まあ、わからなくもないけど。

この3年間はネグレクトして、毎日のように男に会っちゃっています。いけない、いけないって心の奥底にはあるけど、毎日同じことの繰り返し。

幼少時代、少女期の愛情不足は、母親になって新しい家族ができても、40歳を超えても癒やされないようだ。

本人がいうように、荒れた男性関係は現在も変わらない。いまは40代未婚と50代既婚の恋人がいる。未婚男性は典型的なモテないタイプだが「本当にいい人」らしく、子どもの父親になることも頷き、近々にその男性と再婚する予定だ。しかし、その後に知り合った50代の既婚男性との恋愛もやめることができない。50代既婚男性はセックスフレンドで、本当にいい人との再婚には反対している。

さらに新たな出会いを求めて、アプリへのアクセスは続けている。

2時間30分くらい、ひたすらしゃべっただろうか。それでも話は止まらなかった。隣席は2組が入れ替わっている。

ネグレクトしている長女は大丈夫なのだろうか。私が長女のことを質問しても、すぐに現在の50代既婚男の話に戻ってしまう。省略すると50代既婚男性のセックスがあまりにもうまく、繰り返されるのは、婚約した相手との再婚を迷っているという話だった。

私、セックス依存症でしょうか。

不安げな表情で、そういう。性依存症を調べてみると「幼児期や成人への成長過程で肉親からの愛情が得られなかったことに起因する場合が多い」とある。アルコールやギャンブル依存と同じく、やめることができない精神疾患のようだ。

沢田さんの苦境、現在進行形で虐待を受けている長女の悲劇は、北関東の長男信仰、男性優位社会の影響だろう。彼女はいまこの瞬間も、セックスやネグレクトの現実逃避から逃れられていなかった。

地元を捨て、東京の片隅で、孤独に生きる

メールがあった栃木県出身、東京在住の女性から八王子駅ビルのファミレスに呼ばれた。羽田優加さん（仮名、24歳）は、だいぶ遅れてやってきた。

「200社くらい面接に落ちて、やっと先週、派遣に決まりました。月給15万円くらいの仕事です。ようやく最低限の暮らしができそうです。

自宅は八王子駅から徒歩30分以上、バス便の不便なところでいつも時間が守れないらしい。住民票の住所は北関東の栃木県で、3年前に両親を捨てて家出している。家賃が安いというだけで引っ越した八王子は、見知らぬ街で、誰も頼る人がいない。半年間に及んだ無職の期間は、クラウドワークスでイラストなどの仕事を引き受け、家賃や光熱費を滞納しながらなんとかギリギリの生活を送った。

クラウドワークスでのフリーの仕事は限界を超えて価格が下落している。最低限の生活すらできない。2週間ほど前、200社以上の不採用が続く渦中、空腹と不安で精神的に耐えられなくなって、衝動的にメールしたという。

まあ、さすがにもうどうしようもなくなって、生活保護を受けて生活したほうがいいのかなって病院にも行きました。採用面接を落ちる原因は全部適性検査です。なにかがおかしいんだと思う。発達障害の検査を受けましたけど〝境界域〟と言われて手帳はとれませんでした。

またしても、栃木県の実家とその地域に問題があるようだった。羽田さんに「出身地は本当に嫌なのでボカして欲しい」と言われているので具体的な市まではだせない。

大きな産業もレジャー施設も、観光もぱっとしない北関東は、衰退の一途をたどっている。すでにあらゆる地域でシャッター商店街だらけという状態で、週刊東洋経済2019年2月23日号の地方の特集で都道府県別〝2030年の15～64歳、人口15年比〟が掲載されていた。群馬県14・2パーセント、栃木県14・7パーセント、茨城県16・6パーセントと、さらに人口が減り続ける厳しい数値がでていた。

卒業したのは偏差値が低い公立高校で、クラスの何割かの就職先は水商売と風俗ですよ。中学の同級生もそんな感じ。地元では、そういう仕事に就くのは普通のことです。まともな仕事はないし、あったとしても生活できるお金は稼げない。ほとんどの人は高卒で工場に就職して、地元に残り続けている。村社会なのでイジメもすさまじい、褒める部分はなにもないですね。

実家は祖父母の代から住み続ける元からの住民だ。たまに移住してくる人もいるが、閉鎖的な町なので地元コミュニティーに入ることができず、消えるように引っ越していく。

羽田さんは家族を捨てただけでなく、地元も捨てた。二度と戻らないつもりで八王子に逃げている。東京の片隅で貧困を抱えながら孤独に生きることを選択した。

私は地元民ではあったけど、小学校の頃からイジメにあって。同性に囲まれてあらゆる嫌がらせをされた。まあ、死ねとか暴力だけど、そのときの記憶は全然ないんです。あまりにヒドイ経験して女性恐怖症になった。女性の人とうまくしゃべれない。家庭もおかしくて、なんていえばいいんだろう。母親からは虐待、父親からは性的な虐待をされていました。

風貌は手塚治虫のリボンの騎士のような雰囲気がある。特に表情を崩すわけでなく、さらりと言う。いまは貧困で生活は苦しいが、危険のない安心できる生活を送っている。傷ついたり、悩む時期は過ぎているということか。

性的虐待は小さい頃から日常でした。胸や性器を触るとか、抱きつくとか、舐めるとか。1度や2度じゃなくて、毎日です。大人になっても、ずっと。父親のことはいまはなんとも思ってないけど、それが性的虐待って自覚したのは短大生になってから。高校生までは、ずっとそれが普通だと勘違いしていた。中学とか高校のときにおかしいなと思って、クラスメイトに話したことは何度もあったけど、みんな「別にうちも同じ、普通のことだよ」みたいな感じだった。だから普通だと思ってた。

性的虐待だけでなく、身体的虐待もすさまじかった。かんしゃく持ちの母親はささいなことで逆上して、ヒステリックになり、ものすごい暴力をふるってくる。食器でぶっ叩かれたり、扇風機を投げつけられたり、そんなことが頻繁にあった。ケガをすることは日常で、母親の顔を眺めるだけで恐怖で震えるような状態になった。家出直前、激怒した母親に包丁で腕を刺された。本当に痛い。このままだと殺されると思って、家出を決意したという。

母親は絶対にダメです。本当に嫌。

母親という言葉がでた瞬間、スイッチがはいったように表情に嫌悪感がにじみでる。性的虐待をしていた父親のときとは全然違った。

母親とは2度と会いたくない。だから一生逃げます。

ずっとクールに話していたが、強い口調でそう言う。東京の現住所がバレれば、父親と母親は車で駆けつけ、そのまま抑えつけられて栃木県の実家へ戻される。そうすると、母親の暴力で大きなケガをすることになる。彼女は両親から逃げ続けることを、生活の最優先にしていた。そのモチベーションがあるので、貧困も乗り切れているようだった。

地元には強固な出身中学のコミュニティーがある。そこに入っていないと一切の居場所がないという。同級生のコミュニティーは幼稚園、保育園から中学校まで同じメンバーであり、3つの小学校があわさる中学校での人間関係が生涯続いていく。メンバーになれる条件は「地元を離れないこと」「嫌われていないこと」で、羽田さんは両方に該当しない。仮に地元に戻っても、もう居場所はないという。

2014年、博報堂の原田曜平氏が地元から出たがらない若者を「マイルドヤンキー」と名づけた。原田氏が調査したのは北関東の若者であり、「上京志向がなく、地元で強固な関係と生活基盤を構築し、地元から出たがらない若者たち」と定義している。

不良の類似語であるヤンキーという言葉が使われているが、北関東は不良や若者だけでなく、県民全体に「マイルドヤンキー」的な意識があって地縁が生きるための重要なファクターとなっている。羽田さんの父親も母親も地元の中学校同級生のコミュニティーは現在も継続していて、栃木県だけでなく、北関東で生きるための大きな条件の一つになっている。

中学校のときに嫌われてイジメられ、地元を飛びだした羽田さんは、コミュニティーから排除されている。埼玉に逃げたセックス依存の沢田さんも小学校、中学校はイジメられているので同じような境遇だ。子どもの頃の排除が一生続くことがわかっているので、その土地に生きる家族を嫌って、北関東を恨んでいるといえる。

3年前に逃げるまでの22年間、栃木県某市で暮らしたが、現在は地元の人間関係はほぼゼロ。まだ3年しか住んでいない東京にも人間関係は数えるほどしかない。虐待する親、地元から排除され、本当に孤独なのだ。


地元は弱い人間は切り捨てられちゃいます。人とのつながりがないと、あいつおかしいんじゃないかってうわさになる。だから東京の大学に行く人は地元を捨てる覚悟で行っている。私みたいに排除された人間だけではなくて、優秀な人も地元を捨てる。で、どうしようもない人だけが残る。だから、みんな高卒で地元に就職するんですよ。

短大を卒業して、車のディーラーに就職した。北関東には高卒や短大卒のまともな就職先はないようで、非正規で働くことを余儀なくされた。賃金はほとんどが最低賃金で月給が設定され、手取りは11万円程度。親にいわれるがまま正社員ではない就職を決めて、実家から会社に通った。

短大で初めて地元以外の人間と交流を持ちました。栃木だけじゃなくて群馬とか埼玉の人間がいた。そこで自分が育った家は異常で、子どもの頃から異常な経験をしたって自覚しました。ショックだった。それで精神状態がおかしくなりました。うつ病です。性的虐待とか虐待の絶望感みたいなのが拭えなくて、どうしてもカラダが動かなかったり、死にたい気持ちがおさまらなかったりした。病気はいまも治っていません。

奨学金は家計に組み込まれ、母親からの壮絶な暴力

父親は建築系の職人、母親はスーパーのパート。彼女は一人娘だ。まったく裕福ではない。両親は祖母から実家を相続して、家賃がかからないことでなんとかギリギリ生活する状態だった。

イジメられ続けて、勉強をするような環境になかった。低位の公立高校に進学している。クラスのほぼ全員が就職する中で、地元以外の世界を見たくて親の反対を押し切って短大に進学した。母親の強い勧めで、日本学生支援機構の奨学金を第一種と第二種をほぼフルで借りた。学費と交通費以外に数万円余る金額を借りたが、残りのお金は母親が生活費に使っていた。

親からの給付がゼロどころではなく、奨学金が家計に組み込まれる。貧困家庭の子どもから本当に頻繁に聞く話だ。おかしいと心の中では思ったが、口にだせば、壮絶な暴力がはじまる。おそろしい母親には絶対に意見は言えなかった。

借りた奨学金は、毎月15万円くらい。母親が通帳を持っているので、お金は私のところ

にはきません。結局、奨学金はたった2年間なのに元金で300万円以上になって、今は毎月2万円以上の返済があります。家賃も払えないのに、そんな返済できない。無理です。だから家には催促状だらけです。就職しても通帳は母親が持ったので、働いてもお給料は私の手にはきません。正直おかしいですが、そんなのは地元では普通のことでした。

冒頭に登場した畑中さんも、母親によってがんじがらめにされ、働いた給料がすべて奪われる窮状を訴えていた。「そんなの地元では普通のこと」というが子どもの奴隷化が一般化しているということか。

羽田さんの虐待が止まらない母親は見栄っ張りのブランド好きで、頻繁にアウトレットモールで買い物している。就職して2年目。社会人になっても父親の性的虐待、母親の身体的虐待は止まらなかった。精神状態は本格的におかしくなり、親に隠れてこっそりと心療内科を受診した。うつとPTSDと診断されて精神薬を服用するようになった。

特に母親からの暴力は、社会人になってからさらに激しくなった。殴る蹴る、物で叩かれるなど、本格的に身の危険を感じてこのままでは殺されると思うようになった。東京にいるただ1人の高校時代の知り合いにSOSをだした。知り合いに20万円を借りて、家賃の安かった現在住む八王子の部屋を契約。深夜こっそりと家を抜けだした。ディーラーの仕事は、家出する前日付けで退職した。

こっちに来てまず就いたのは、工場の雑用みたいな仕事です。給料は手取り15万円くらい。家賃を払って、奨学金と友達への借金を返済して、お金を使わなければなんとかやっていけた。コンビニ弁当も買えないような苦しい生活だけど、地元に戻ることに引き換えたら夢みたいだと思った。苦しいときもあるけど、それだけでなんとか頑張れました。

そして半年前、抱えているうつが発症して働けなくなった。朝起きても、まったくカラダが動かない。次の日も、また次の日も動かない。退職して、収入は途絶えた。少しだけ休んで、インターネットであらゆる求人に応募した。必ず不採用になる。クラウドワークスでまったく割に合わない安価なイラスト書きの仕事をしながら、仕事を探し続けて先週やっと新しい仕事が決まっている。

追いつめられて何度も死ぬことを考えました。実際にリストカットとか首つりとかしちゃったし。

いくら追いつめられて絶望しても、孤独なので誰も助けてくれない。どんなに苦しくても、死ぬほど苦しくても、実家に帰ることだけは考えられなかった。

そして、現在の職場から採用の連絡がきた。まだ生きることができるとホッとした。彼女は孤独と貧困、たまに起こる希死念慮に耐えながら、八王子の僻地にある小さな部屋でなんとか生きている。

——外の世界を知るためには、地元を捨てなきゃならないのは厳しい。

事実です。本当にひどいところ。地元が閉塞して未来がないってわかっているのは、頭のいい人だけ。みんなにもわかっていないから、ずっと地元にいる。

——経済的な貧困の原因の一つが地縁とは思わなかった。

今の私もたいして変わらないけど、工場か介護か風俗くらいしか仕事の選択肢がなくて、風俗以外は全部低賃金、自立なんてできるはずがないので親にパラサイトしながら生活していますよ。

フェイスブックもツイッターも全員が地元同士でしかつながっていない。羽田さんの語る〝地元〟の定義は、中学校圏内なので言葉以上に非常に狭い。もはや外の世界のことを知りようがないという。

精神病が治っていないし、孤独だし、正直ツライことばかり。だけど、仕事も見つかったし、なんとか頑張って生きていきます。

取材が終わって写真撮影をした。彼女は撮った写真をワンショットごとに確認しながら、自分だとわからないかチェックする。親、そして親とつながっている地元の人間に所在がバレるのが本当におそろしいようで念入りだった。

北関東の女性の貧困とは

北関東出身の２人の20代貧困女性、40代のひとり親女性から、深刻な語りを立て続けに聞いた。

中学生までに地元のネットワークに溶け込めなくて排除、そして孤立、長男や自分自身を優遇する親はＤＶ常習男から娘を助けることをせず、挙げ句に社会人になっても親に収入をとられて貧困に陥り、限界がきて精神疾患、親から逃げても最低限の賃金を稼げる雇用はない。普通に生きる道が見えない、という内容だった。

地方の人口流出のデータは数字でしか見えないが、逃げる女性たちにはそれぞれに故郷から離れる理由があり、物語がある。

女性一人の就労所得で単身暮らしやシングル家庭が生活を支えられない、という大都市圏の女性の貧困とは様相が異なり、北関東の女性の貧困は「排他的な地縁が蔓延」「親とのネガティブな関係」「長男信仰」「男性優位社会」などが絡まってカオスとなっていた。

東京都市圏で暮らす私にとって、北関東はもっとも近い「地方」といえる。

地域の属性に都市圏→郊外→地方→過疎と段階があるとして、東京23区に在住して勤務する私なりに地方の定義づけをすると、東京50キロ圏内までが「郊外」、そのエリアを越えた地域を「地方」とするか。皇居を中心として50キロ圏の線上をみると、埼玉県久喜、茨城県つくば、千葉県木更津、神奈川県藤沢あたりになる。地方の定義としては妥当なラインなのではないかと思う。

ほとんどの地域が東京50キロ圏を越える「地方」である北関東3県は、東京都には隣接していない。必ず千葉県、もしくは埼玉県を越えなければならない。よって茨城県、栃木県、群馬県の北関東3県、もしくは埼玉県北部を含めた4県は「東京からもっとも近い地方」という位置づけとなる。

ここで北関東の各県を簡単に説明しておこう。

茨城県は人口約280万人。千葉県、福島県などに隣接して、沿岸部は太平洋に面して、住宅地に適した平地が広大にある。農業と水産業が盛んであり、県庁所在地・水戸がもっとも大きな繁華街、歓楽街で、残念ながら有名な観光地はない。有名なのは納豆と鹿島アントラーズくらいか。

栃木県は茨城県、群馬県、埼玉県などに隣接して、海はない。人口約194万人、B級グルメで知名度を上げた県庁所在地の宇都宮が最大の都市だ。観光地の日光、鬼怒川、保養地の那須は全国区である。それと北関東は性風俗がとにかく有名だ。本番を提供する店舗型違法風俗店が密集していた小山は、裏風俗街として名前が轟いている。

群馬県は長野県、埼玉県、栃木県などに隣接し、栃木県と同じく海がない。北部は山地が重なり、浅間山など標高のたかい地帯もある。人口は194万人で様々な企業が工場を設置、外国人居住者も多い。特に東南部の大泉は外国人だらけで、リトルブラジルを呼ばれている。

小山と同じく、群馬県太田、伊勢崎は違法風俗店が密集していたことでも有名で、摘発前までは都市圏から買春男性がこぞって遠征をしていた。群馬県最大の都市は高崎。高崎と聞いて、私たち団塊ジュニア世代がまず思い浮かべるのはあのＢＯØＷＹの氷室京介、布袋寅泰の出身地ということだ。

各県に観光地や名産品はいろいろある。しかし、やはり北関東でもっともインパクトを残したのは違法性風俗、圧倒的だった違法風俗街ではないか。異論もある住民もいるだろうが、北関東の性風俗はそれほど圧倒的に盛ん（だった）ということだ。

都市圏の遊び好きの男性たちには「(若い女性が安価で本番サービスを提供する）北関東はとにかく性風俗がすごい！」というイメージが浸透している。その黒歴史は男性優位社会が根強く形成されていることが理由かもしれない。その一端は、ここまでの貧困女性たちの語りからも察することができる。

生まれ育った北関東で耐え難い経験をした、故郷を捨てて逃げた、これから逃げる彼女たちの語りを聞きながら、私はだいぶ前にカミングアウトされたある栃木県出身の女性の独白を思いだしていた。聞いたそのときはその女性の過酷な経験という意識しかなかったが、今回の貧困女性たちの語りと北関東という地域、そしてそのカミングアウトがリンクした。

もう10年ほど前か。ある取材で知り合い、成り行きで居酒屋に行ったときのことだった。

話したら長くなるよ、いいの？

看護師と風俗嬢のダブルワーク

原田愛子さん（当時29歳、仮名）は正看護師として病院に勤めながら、都内で風俗嬢をしていた。久しぶりに思いだしたので、検索してみると、匿名のＳＮＳがあった。メッセージを送ってみると「ほんと久しぶりですね」と挨拶があり、現在は都内でケアマネジャーをしているという。あまりに重苦しい語りだったので、だいぶ時間が経った現在でもよく覚えている。

出身は栃木県。栃木って名前を言っただけで気分が悪くなるくらい、よいことなんてなにもなかったよ。1時間に電車が1本しか来ない田舎で、田んぼや畑ばかり。たまに車が通ったりして、なんか思いだしただけで気分が悪くなるようなところ。もう15年くらい実家には帰ってないけど、帰ってないっていうより、嫌でしょうがなくて逃げだしたから。

出身地についてより詳しく聞いた。県内でも北部にあるかなりの田舎だった。どうも実の母親に虐待されていたようだ。

1歳とか2歳とか物心がついたときから、母親に虐待されていたのね。最近はちょっと手をあげただけで虐待みたいなことが言われているけど、私がされていたのはたぶん本当の虐待。母親はヒステリーとか超えて、ちょっとおかしな人、1日も欠かすことなく殴られていましたから。普通に生活しているなかで突然母親が怒鳴りだして、気が済むまで殴られる。

暴力をふるう理由は、ご飯を残したとか、玄関の靴が曲がっていたとか、ゴミが落ちていたとか、お父さんが帰ってこないとか、常にどうでもいいことだったようだ。

家にいると何時間かに一度は母親に怒鳴られて殴られるから、本当に怖いですよ。毎日のことだから痛さには慣れてくるけど、いつどこで怒りだして殴られるかわからないから怖いんです。だから実家にいる間は、ずっと傷だらけでした。

丁寧な口調で、淡々とそういう。恨みや怨念みたいな感情は感じられない。家族は父親と母親、2歳年下の弟との4人家族。父親はサラリーマンで世帯収入は平均並み、貧困家庭ではなかった。

長男である弟は、両親にかわいがられていましたよ。溺愛ってくらい。家族でご飯を食べに行っても、私の分はないんです。3人でおいしそうに食べていて、私は見ているだけ。でも、私も弟も生まれたときからそんな感じだから、変だとは思っていなかった。お姉ちゃんは殴られて、なにも食べさせてもらえないのが普通だと思っていたんじゃないかな。

長男信仰は日本の昔ながらの文化で、まだまだ地方には色濃く残る。家の跡を継ぐ長男が、次男以下や女子と比べて高い地位となるのは一般的なことであり、違和感はない。しかし、家庭によって両親の愛情は子どもに平等に注がれず、家庭内男女差別のような状態に発展することもあるようだ。彼女の育った家庭では、両親の愛情は100パーセント長男だけにむかった。

殴られるとか。自分だけ食べさせてもらえないとかは、子どもの頃から慣れっこ。だから、別にいい。でもね、最後は母親に出刃包丁で刺されました。傷跡はうっすらとしか残ってないけど、お腹の横を包丁で刺された。強い殺意もあって、「おまえは死ね」「おまえは死ね」って鬼のような目をして叫んでました。本当に怖いんです。だから、こんな話をしたくない。人に話したことはありません。

居酒屋で語りを聞いていたが、あまりに凄惨な内容に息を飲んだ。なんて返答していいかわからない。「刺されました」と言ったあたりから、時折表情がゆがむ。母親に殺されそうになって、実際に刺された過去を思いだして悪寒が走っているようだった。明らかに継続を拒んでいたが、しばらく時間を置き「殴られて、どう思っていたの？」と質問を投げた。

子どもの頃から、ずっと殴られているわけだから、なにをされても別になんとも思わないよ。ただ、毎日が絶望的で怖いってだけ。今日は痛かったとか軽かったとか、あまり怖くなかったとか、感情みたいなものはそんな程度です。そういう人が親なのだし、そういう環境に生まれてしまったのだから、どうしようもない。それだけのことだよ。だから親とか、昔の嫌なことはあまり思いだしたくないんです。

実の母親に殺意を持って包丁で刺される、とは数ある虐待のなかでも特別にひどい。場は重かった。取材の場でなかったのでやめてもよかったのだが、申し訳ないが、最後まで聞き切ることにした。

被害者である娘を包丁で刺す母親

うん……まあ、昔、昔のこと。中学2年のときかな。ヤラれました。ええ、父親に。

何度も躊躇ってから、そんなことを言いだした。父親という言葉をだした瞬間、居心地の悪そうな、バツの悪そうな表情になった。母親の虐待のときとは全然異なる表情で、まだ自分の中で解決していない重い出来事だったことが伝わった。

実の父親です。中学2年生なので当然、男性経験とか一切ありません。

中学生のときに、具体的になにが起こったのか。

春休みだったかな。深夜。狭い家じゃなかったから自分の部屋みたいなのはあった。父親が突然布団のなかに入ってきたんです。夢かなと思ったけど、すぐに父親だってわかった。

そのとき、原田さんは最高に嫌な予感がした。カラダの震えが止まらなくなった。

寝間着のズボンとパンツを一気に脱がされました。裾を押さえて抵抗したんだけど、どうにもなりませんでした。なにをされるかわからなくてパニック状態だった。父親は下半身だけ脱ぎだして、すごい勃起したアレを見たとき、なにをしに来たのか明確にわかりました。とにかく怖くて、咄嗟に一瞬だけ叫び声をあげた。けど、隣の部屋には弟が寝ているし、母親に知られたら大騒ぎになって、私がなにをされるかわからない。息ができないくらい怖くて、もうブルブルと震えるだけでした。

父親は抵抗できないように震える原田さんの腕を押さえ、片手でがっと股をひらいた。

挿れられました。怖くて痛くて、なにがなんだかわからなかったよ。目を開けたら汗まみれになって変な声をだしている父親がいて、痛いのと怖いのをとにかく我慢するしかなかった。なにも言わないで腰をふって、だしたら部屋をでていきました……。

彼女は誰が眺めても父親にソックリらしい。社名をいえば誰でも知る大手企業に所属して、育った地元の支社に勤務。部長職で部下もたくさんいる。勝ち組のビジネスマンで、挨拶や近所付き合いには熱心、地元や近所では極めて評判はよかったようだ。

なんていうのかな、最初のときは自分が汚れてしまったことに悩んだよ。もう、人生終わったって。クラスで好きな男の子がいて一緒に帰ったりしていたけど、その日から目を合わせられなくなったり。もう一生自分は恋愛できないとか、子どもが生まれちゃったらどうしようとか。一日中、そのことで頭がいっぱいになってね。悩むのが嫌になって死のうと思っても、そんな勇気ないし。

実の父親の夜這い、強姦、近親相姦となると、もう最悪の性的虐待だ。その悪夢の一夜だけでなく、継続して父親による強姦は行われた。北関東の実家から逃げるまで深夜、何度も何度も襲われている。

結局、週2回とか3回とか、深夜に来る。時間にすると2時とか。眠っている時間にやってきて、布団をはいで下半身だけ脱がして挿れてくる。いつも同じ。アレは最初から必ず勃っていて、無理やり挿入してだしてみたいな。部屋に戻るときに「お母さんに言ったら、どうなるかわかるよな?」って言っていた。生理のときは舌打ちして、なにもしないで帰っていくの。中学卒業して逃げだすまで1年間、ずっと続いた。100回とかヤラれたと思う。

眠るまでの日中は母親の壮絶な身体的虐待に怯え、深夜になると性的虐待の恐怖に震えた。日が沈んで夜になると、怖くなって眠れない。

今日は来ないってホッとして眠ると、来たり。なにか黒い影が現れて、すごく怖くて。虐待は痛いし、ツラい。けど、痛いことは慣れている。でもね、レイプは慣れなかった。本当に嫌で嫌で、嫌で嫌で、夜が来るのが本当に怖かった。生きている心地がしなかった。

母親に出刃包丁で殺意を持って刺された原因は、父親の性的虐待がバレていたのだろうと予測している。同じ屋根の下で1年間も犯され続けていたら、家族はさすがに異変に気づく。母親は加害者である父親を責めることはなく、被害者である娘を殺そうとしたことになる。

母親には虐待されていたし、人間扱いされてなかったけど、心の底では助けて欲しかったよ。父親に犯されているとき、「お母さん助けて」って何度も心のなかで叫んだもん。けど、お前は死ねって刺されちゃった……痛かった。お腹がすごく熱くて、痛くて。おまえは死ねって言われて、本当に自分はなにもないんだってことがわかった。ツラかった。

助けて欲しかった母親に刺されたとき、北関東から逃げることを決意した。傷が癒えるのを待ち、数万円のお金をかき集め、リュック一つの荷物だけ持って自宅から逃げだした。

ネグレクト、虐待、強姦となれば、最低でも児童相談所が即時保護するべき案件だ。しかし、田舎の一軒家で起こった悲劇は誰にもわからない。子どもは福祉制度など知らない。事実は埋もれてしまう。

児童相談所における児童虐待対応件数は27年連続で増加して、平成29年度は13万3777

8件（厚生労働省調べ）。そのうち性的虐待は1540件と、心理的虐待や身体的虐待に比べると極端に少ない。性的虐待は家庭の密室で行われる、被害を訴えづらい、子どもに性的虐待という自覚がない、家庭が隠蔽するなど、児童相談所や近隣が事実を把握することは極めて難しい。

程度の差はあれ、家庭内の性的虐待の話はよく耳にする。男女は関係ない。北関東だけでなく、全国あらゆるところに彼女が経験したような表にでない悲劇は埋もれている。

第2章

民生委員が見た北関東の実情

パート先で相手を見つける。不倫売春というか、要するにお金を介在した不倫

「悩みがあります。けっこうツライ状況です」

先日、お母さんに親権を切られてしまいました。

もっとも気になるのは、現在同居する中年男性と肉体関係はあるのか、ということだ。本当に幼く見える。子ども、女子児童だ。聞きづらい。「その中年男性と深い関係は?」と、さらりと質問を投げた。「ありません」と何度も首をふる。「でも、あったほうが気持ちは楽かな」と、また涙目になった。恋愛関係はないです。でも、それっぽい雰囲気になることはあります。そう言いだした。「彼ではなくて、私がです」と語気が強くなる。

――群馬県太田市在住、17歳。

典型的なマイルドヤンキーの夫婦

栃木県のある自治体で民生委員を務める真理子さん（仮名、50代）に連絡してアポイントをとった。真理子さんは昔からの知人であり、地元で熱心に地域活動をしていることは知っていた。

民生委員は自治体から任命される無報酬の奉仕者で、住民の生活状況の確認やソーシャルワークを行う。地域住民の生活状態を適切に把握し、悩みや困りごとを相談援助して、社会資源につなげて課題解決していく仕事だ。相談員というだけでなく、自ら課題解決のために家庭に介入することも日常である。

彼女は3人の子どもを育てる母親で、地元出身ではない。30年ほど前のバブル期、結婚をキッカケに開発された新興住宅地に戸建てを購入し、都内から移住している。新興住宅地なので近隣との関係は問題なかったが、よそ者を歓迎しない、一筋縄ではいかない地域の閉塞をすぐに察し、様々な地域活動に積極的に参加するようになった。

数年前、子どもが通う中学校のＰＴＡ連合会長を務め、現在は自治体から民生委員の指名を受けている。拠点として活動する自治体だけでなく、北関東全体に詳しい。ＰＴＡ活動で県をまたいで人脈を広げたから、という。
よく利用するという、地元のイタリアンカフェに呼ばれた。車で3時間以上かかった。料理はそんなに美味しいわけでなく、店内はガラ空きだ。このあたりは大規模に開発された新興住宅地なので、住民の4割程度は東京圏に通勤している。彼女の家庭も含む東京通勤層は経済的には上位層で、親や祖父母世代から住み、土地を代々受け継いでいる元々の住民のほうが貧しい世帯が多いという。
北関東の事情に詳しい真理子さんに、これまでの取材で浮かんだ疑問を投げかけた。なんでも答えるので、なんでも質問して、と笑顔で言っている。

——駅前も繁華街も、国道の歩道も本当に人がいなかったです。

車社会なので歩いているのは徘徊している人くらいですよ。北関東は全体的に商業地でも観光地でもなく、産業もない。経済は基本的にまわっていないです。だから貧困に該当するかわからないけど、みんなが貧しいのは事実。

――貧しくてもみんな地元を出たがらないとか。

こっちで生活している子たちは、典型的なマイルドヤンキー。お父さんは高卒で働いて、お母さんはアルバイトみたいな。10代か20代前半で結婚して親の土地に家を建てる。アパートを借りるより、上物だけのローン返済のほうが安いじゃないですか。だから今、現役世代で住んでいる人たちは、親の土地に家を建てている人がほとんど。

マイルドヤンキーとは「攻撃性、違法性はなく、地元に根ざし、同年代の友人や家族との仲間意識を基盤とした生活をベースとする若者」と定義されている。地元愛が強い、早婚、車好き、ギャンブル好き、消費活動が活発など、現在の若者の傾向の逆である性格、体質が指摘されている。

――都心部のように土地があるから裕福なわけではないのですね。

いまの現役世代が子どもや孫に土地を残せるかといえば、残せない。相続税を払えないだろうし、土地があまっていない。今の世代で終わりなので、いまの小さな子どもたちの世代は食い詰めると思いますね。普通に生活できる仕事は公務員と信用金庫、農協くらい。賃金は基本的にみんな安い。頼る親がいない人たちは、福祉に頼ることになるのかな。どうなるか、わからない。

——地元の一般的な現役世代は、どんな仕事に就いているのでしょうか。

土地があるので工場、倉庫がたくさんある。製造、物流系の仕事なら、いくらでもありますよ。業務内容は梱包とか仕分けとか。時給は最低賃金。最低賃金で働いても生活できないでしょ。だから、今の年代だと親からの援助があって40歳、50歳になっても80歳の親からお小遣いをもらっていたり。お金じゃなくても、米と野菜はわけてもらうとか。

——北関東は昔から風俗産業が活発な地域です。頼るところがない女性が夜の仕事になってしまうってことですか。

もう、昔から年齢問わずに援助交際とか、高卒でキャバクラとか夜の世界に行く女性は、めちゃめちゃ多いですよ。風俗は子どもから大人まですごく身近な存在だし、女性が夜の世界に流れる比率は東京より圧倒的に高いと思う。でも、地元では働かない。例えば小山市民だったら宇都宮の店で働くとか、群馬まで通うとか。みんな地元の知り合いにはバレたくないので、働く地域をちょっとズラすんですね。

――高校卒業して、すぐに夜の世界に入ってしまうのでしょうか。

最初は高校新卒で携帯屋さんとか、飲食チェーンとか、工場とかに就職するの。社会で働いてみるんだけど、やっぱり賃金が安い。時給だったら最低賃金、正社員でも手取り12万円とかだから。親元だったらお小遣いをもらえるかもしれないけど、よっぽど親に資金がない限りはお金が足りなくなる。北関東で暮らすと必ず車を持たないといけないんですね。マイカーの維持費用がかかる。そうなると自由なお金はまったくない、カツカツですよね。そんな状態が続いて、ダブルワークで夜の世界が視野にはいってきちゃう。

——手取り12万円で車を維持するのは厳しいですね。ローン、保険、車検、ガソリンがかかる。

正社員でも、ボーナスが車検と自動車税で消えちゃう。どこの家庭もそう。駐車場は安いけど、ガソリンは日本全国どこも同じ。車のローンとか維持費に圧迫されて、本当にお金が足りなくなる。若い女の子だったら美味しいものを食べたり、旅行にいったり、洋服買ってとかしたいですよね。洋服はしまむらとか量販店だから大きなお金じゃないにしても、やっぱり貧しさの元凶は車。それとギャンブル。自動車保険って若いときってすごく高いじゃないですか。さらに月3万円とか。厳しいですよね。

——栃木県の大学進学率は52・5パーセント（文部科学省調べ）で際立って低いわけではないです。

大学進学するのは地元から出たい子たち。地元で生きていきたいって子は、ほぼ高卒で就職します。高卒で大企業系列の工場に就職して、いつからか休みの日にキャバクラをやりだす。お盆とか正月とか、休みの時期が繁忙期なので、工場が休みのときに体験入店とかでキャバクラを経験して、そっちの道にシフトしちゃう。こっちの女の子たちは結婚がゴールなので、就職した工場で長く働く気がない。だから、どんどん夜に流れちゃう。風俗で働く女の子も同じような流れですね。

――で、結婚しても旦那の給料は安い。専業主婦をするわけにはいかないですよね。

低いけど、大企業の子会社の工場なので雇用は安定している。だから夫は正社員の工員、妻は最低賃金のパート。それで親の土地に家を建てる。贅沢をいわなければ、なんとか暮らせる。

合法、違法より、地元の人間関係にバレるかどうか

予想通り、新車のローンや車の維持費が生活や家計を圧迫、低賃金や最低賃金に張りついている非正規雇用が、女性たちを夜の世界に後押ししていた。

非正規雇用は1999年、2004年に労働者派遣法が改正され、本格的に激増した労

働形態で、企業は人件費圧縮のために女性を中心にどんどんと雇用を正規から非正規に置き換えた。雇用は人間のセーフティネットである。法改正して非正規雇用、ワーキングプアを生んだことが人間の価値の暴落につながった。

非正規は企業にとっては使い捨てができる都合のいい人材で、現在、女性の非正規雇用率は55・5パーセントと全体の過半数を超えた（厚生労働省調べ）。

東京の貧困女子と異なるのは、単身ではなく実家があり、近くに親や親戚がいて、既婚者ならば配偶者がいる。家族や地元の仲間、濃厚な関係性があるなかでの低賃金と消費過多による貧しさ、貧困ということになるのだろうか。

北関東はマイルドヤンキーが一般的であり、車やギャンブルなど消費活動は活発といわれている。現在は最低賃金はどんどん上昇しているが、収入を上げて消費を抑えないと貧しさはいつまでも続く。繰り返すが地域の状況は、女性の動向に現れる。性風俗が活発な理由の一つとして、まず収入と支出のバランスがとれていないことが挙げられそうだ。

——摘発で風俗街はどんどん無くなっています。けど、北関東は昔から風俗や裏風俗がとても盛ん。性風俗街にある店舗、いまはデリヘルが女性たちに違法な本番を平気でさせるし、女性たちも違法という自覚なく、なにも疑問を持たないでやっている。

さっきも言ったけど、夜で働く女の子たちは地元からちょっとズラす。宇都宮の子が小山で働いたり、小山の子が群馬まで通ったり。当然、キャバクラから裏風俗とかデリヘルに行く子もいます。地元の人間関係にバレなければOKなの。細かいサービス内容とかは合法とか違法より、嫌か嫌じゃないかみたいな感じだと思う。みんなが違法なことをしていれば、もうそこでは違法という感覚はなくなるだろうし。

――20代前半での結婚がゴールとなると、夜の世界のバレだけ気にしていれば、適当にやっていてもなんとかなりますね。

若くて綺麗だったらカラダ売らなくてもやっていける。キャバクラは枕をやらなくても、25歳くらいまでなら生きていける。だいたいの子はその年齢までに結婚しちゃう。嫁に行ってから、旦那は低賃金で働くところは最低賃金のパートしかないし、貧しくなっちゃうんだけど。

――いろいろな業態、雇用がある都市圏と違って、夜の世界に年齢制限みたいなものがあるのですね。

こっちは年齢でバッサリ切られる。25歳までに結婚できなかった子は店のランクを落とす。そうすると資金力のない男性を相手にするので、いい出会いは減る。年齢が高ければ高くなるほど、収入が低い人を相手にしなければならない。デリヘルはキャバクラで働けない若い主婦層が多くて、みんなパート感覚で出勤していますよ。

――女性の年齢の価値が高いわけですね。

逆にいえば、男性客は女性に若さ以外を求めていない。若さと無知さ。下手に高学歴だったりすると、高卒が多いので好かれない。お金を持っている人も中卒か高卒で成り上がりだから。女は若くてバカでかわいいほうがいい、という。政治経済に詳しいみたいなインテリ女子は一貫して人気ないですね。

――若者たちが50キロも移動すれば到着する近くの東京に行かず、経済がまわっていない地元に残るのはどうしてなのでしょうか。

地元からでて東京に行く子もいるけど、大多数がいい思いをしていない。夢と現実が違うから。東京に行けばお金持ちになれると思っても、美容師にしても保育士にしても賃金が安いじゃないですか。こっちとの賃金格差はあるけど、家賃とか食費とか生活にかかるお金が賃金格差以上にある。苦しい思いばかりして、結局帰ってくる。逆Uターンばかり。

――優秀な人、やる気ある人だけしか東京で成功できないわけですね。

東京で成功した人は絶対に戻ってこないです。仮に戻ってきても、うまくいかない。妬みとか嫉みがすごいから。だから故郷は捨てて腹をくって東京に行っている。戻ってきても、地元に残る人のほうが圧倒的に多いので歓迎されないですね。地元のコミュニティーからは外されちゃう。

――北関東は中学校時代のコミュニティーが生涯続くと聞きました。中学時代に排除されると、もう地元では生きづらいと。

特に男性は「仲間」「地元愛」みたいなニュアンスが好きですね。本当に中学校のコミュニティーそのままですよ。親の世代から、ずっとそう。3つくらいの小学校が一つの中学校に集まる。だから、中学時代が密度が濃い人間関係になる。中学同級生の結束は確かに強い。地元に残る人はずっと中学のまま、でも都会で成功する人は昔を振り返らない。でも、北関東に生まれてしまったら、一番平和なのは地元でマイルドヤンキーをやることでしょうね。

一般的な北関東出身の女性は、高卒で地元の企業に就職。賃金が安く、お金が足りないので一部は夜の世界に流れてしまう。夫を見つけて結婚し、家に嫁としてはいる。そして、子どもを生んで家庭を作るのがゴールとなる。

人間関係はいつまでも中学校の友達が中心となる。同じ仲間たちとの関係性がずっと続き、地元から離れることはない。夫も地元の仲間との絆を大切にして、地域でずっと暮らし、貧しいながらもそれなりに平穏な人生を送ることができる、というレールのようだ。

しかし、人生はそう計算通り、机上の計画通りにはいかない。それに北関東には根強い男性優位社会がある。結婚して嫁入り後、苦難が待っていた女性たちは、どうなってしまうのか。地元の実情を教えてくれる真理子さんの話は、思いもよらぬ方向にむかっていった。

――離婚したら、近くにある自分の実家に戻ればいいわけですね。

そうです。実家に戻って世帯分離したら母子手当がもらえる。実態は親の家に住んで家賃も光熱費もかからない、食事もあるけど、母子家庭なので手当がもらえる。だから、みんな結婚したがるの。離婚して実家に戻ったほうが収入少ない旦那といるより、いい場合もあるし。でもね、北関東は若い子だけじゃなくて、とにかくカラダを売っている女性が多いの。未婚とか既婚とか、全然関係なく多すぎます。私、民生委員でいろんな家庭にかかわるから、そんなお母さんを何十人も知っていますよ。

――え、夫の家に嫁いでいるお母さんもカラダを売っているってことですか。

そうですよ。不倫売春というか、プチ援交ですね。パート先とかで相手を見つけている。要するにお金が介在した不倫ですよ。

――そんなトップシークレットな話をどうして民生委員が知るのですか。

北関東は女性同士のネットワークというか、信頼関係みたいなのがあるの。やっぱり嫁は虐げられる。だから、そうなる。みんな私を信頼してカミングアウトするし、相談してくるから。不倫は自分が選んだ相手とだからハードルが低い。デリヘル勤めるようなお母さんはごく一部で、みんな不倫相手を見つけてお小遣いをもらっていますね。

――それは驚きです。いくつか具体例を教えていただきたいです。

例えばスーパーで働いていたパートのお母さんが、店長とセフレになっちゃったみたいなこと。工場長とできちゃったとか。お母さんたちは、みんなお金がない。その事情を考慮して不倫に金銭が介在するし、北関東の不倫は男がいくらか女性にお金を渡すという文化がある。人によるけど、月3万円とか。一回ホテルに行ったら1万円とか2万円とか。払える範囲の金額をあげる。デートのたびに1万円とか。ホテルに行く前に男が現物支給するカップルも知っていますよ。

——不倫売春の現物支給ってなんでしょうか。

車でデートに行く。途中、どこかに大きなショッピングモールがある。食料品とか日用品とか、お米とか。こまごましたものを買ってお金を払ってもらう。現金のお小遣いは自由にならなくても、カードは使えるって人が現物支給していますね。そうなってくると、旦那にタダでやらせるのがもったいないとか。どうしてお金をとれることをタダでやらなきゃいけないのとか。そうなる。

——バレないの？

ママ友は結束が固い。ママ友同士で口裏あわせる。パート仲間でもお互い不倫していたら、アリバイ作りに協力しあうことは基本。例えばダブルデートだけど、女2人だけの写真を撮ってフェイスブックにアップするとか。私も民生委員で入っている家庭のお母さんの不倫のアリバイ作りを手伝うことあるし、女性同士の互助みたいなのはすごく活発ですよ。

――大雑把でいいので、どのくらいの割合のお母さんたちが不倫売春をしているのでしょうか。

これまで30年間以上の地域活動、数年間のPTA、それと民生委員を経験して、たくさんの人に会っています。その私の範疇では、30代、40代のお母さんたちの少なくとも1割。多ければ3割くらいはやっているかもしれない。男性は女性を買うこと、女性は性をお金に替えることに抵抗がない。でも、そもそもの原因は生活できないという理由です。決して身持ちが悪いわけでも、淫乱なわけでもない。

感覚値であるものの、30代、40代の家庭のある既婚女性の少なくとも1割、多ければ3割が不倫売春をしているという。多少のバイアスはあったとしても、本当に驚いてしまった。

北関東のお母さんたちの不倫売春のイメージは、まず月給手取り30万円程度の正規雇用の既婚男性と、低賃金で月給8万円の非正規職のお母さんが職場で知り合う。既婚男性は遊びの延長でお母さんを口説き、お母さんも遊び半分、家計が苦しいのでお小遣い目当て半分で、不倫に足を踏みだす。肉体関係のたびに1万円～2万円程度のお小遣いをもらい、お母さんは月3万円～5万円程度の増収となる。正規から非正規への再分配機能ともいえる。

再分配後、既婚男性は月給30万円→25万円、非正規お母さんは月給8万円→13万円になる。不倫によって増えたお金は自分で消費するわけでなく、夫と子どもが待つ家計に組み込まれる。そして、ギリギリの家計に少しの余裕が生まれる。

人によっては、お金目当ての不倫は家族への罪悪感みたいなのがあるかもしれない。しかし、周囲のママ友の多くが割り切って楽しんでいて、相手は好意を持つ自分で選んだ人物であり、刺激がある。カラダを使う風俗店勤務では起こりがちな精神的、肉体的負担はないどころか、退屈だった日常に明るい灯がともる。

「お母さんたちが集まるＰＴＡの会合とか、もう不倫の話ばかり。ママ友で男を紹介しあったり、アリバイ作りを手伝ったり。ずっと前からそんな感じ。でもね、みんななにをしていても家庭は平和。このあたりのお母さんは家族への執着もすごいからね」

当たり前のように、そう語る。少なくとも栃木県のその自治体ではＰＴＡ役員のお母さんたちの間では、不倫相手の紹介は常態化し、民生委員がアリバイ作りなど、不倫売春をヘルプする現実はあった。

当然、夫はなにも知らない。地元への愛情が強い北関東のマイルドヤンキー男性は純粋で、家族を大切にしながら中学時代の仲間たちと絆を深め、平穏で平和な家庭を築いているという自負がある。男性たちの自慢は「家族」であり、愛する地元の仲間だ。家族揃えば、休日は家族でワゴンに乗ってショッピングモールやバーベキューに繰りだす。自信を持って「幸せだ」といえる一家団欒がある。

しかし、その一家団欒の中心にいる決して少なくないお母さんたちは、少し苦しい家計が理由で一歩を踏みだし、不倫売春をしている。そういう現実があるのだ。

一般化している不倫と、「対価を得ることが目的の性交」

ここで、不倫売春という言葉を定義しておこう。

不倫とは「配偶者がいるのに他の異性と肉体関係を持つこと」で、売春とは「対価を得る目的の性交」もしくは「対償を受ける約束で不特定の相手方と性交すること」。不倫も売春もそれぞれ別の法律で禁じられている。

不倫売春は対償を受ける性交相手が不特定ではないので、売春の定義には正確に合致しない。グレーゾーンといえる。不倫は民法第７７０条の不貞行為となり、離婚の訴えの提起や、配偶者や配偶者の相手に損害賠償を請求することができる。売春は戦後の貧困がキッカケで制定された売春防止法で禁じられ、女性に罰則はなく、保護対象となる。

不倫売春を法律にあてはめて、罰則が及んだとしよう。お互いの配偶者と相手の配偶者から損害賠償請求をされ、女性は貧窮者として保護されることになる。かなり現実的ではないが、売春防止法は戦後（１９５６年）に制定された古い法律だからといえる。現在、売春防止法は活発には活用されていないが、全国39都道府県に49カ所の貧窮女性を保護する婦人保護施設は現存する。

不倫による対償を受ける性交が売春であるかは法律的にはグレーだ。しかし、真理子さんは周囲で起こっている現象に「不倫売春」という言葉を用いている。現実をイメージしやすい言葉なので、本書でも踏襲することにする。

もう一つ、不倫の関係性を挙げておこう。〝配偶者を持つ者が配偶者以外の独身と〟〝独身が配偶者を持つ者と〟〝配偶者を持つ者同士〟の3パターンがある。30代、40代のお母さんたちは家庭があり、高い割合で後者のダブル不倫の関係性と思われる。

実は、不倫は全国的に我々が思っているより一般化している。2013年「ニッポンのセックス」(相模ゴム株式会社調査)という1万4100人のアンケート調査が発表された。「(結婚相手、交際相手がいる方に対して)そのお相手以外にセックスをする方はいますか?」という項目があり、40代既婚女性の19パーセントが「(不倫相手が)いる」と答えている。40代既婚女性の5人に1人が不倫している結果に注目が集まった。この一般化している不倫に「対価を得ることが目的の性交」を併せると「不倫売春」となる。

美味しくもまずくもないイタリアンランチを食べ終わった頃、真理子さんは「再婚の旦那と高校生の子どもがいるお母さんなら、すぐ呼べるよ。近所だから」といいだした。慣れた手つきでＬＩＮＥしてから電話する。すぐにつながった。彼女は様々なＬＩＮＥグループに入っていて、ひっきりなしにメッセージが鳴る。聞くと3人の子どもたちのそれぞれのママ友、パート先の女友達、自治会、地域活動、ＰＴＡなどなど、20以上のグループに参加、それぞれ活発に情報交換が行われているという。

1時間くらいして店にやってきた長谷川麗子さん（仮名、43歳）は、近所で暮らすお母さんだ。髪の毛が長く、色気のある美人だった。中森明菜に似ている、と思った。

市内の中小企業で事務職のパートをしながら、ダブルワークでスナック勤めする。事務職のパートは15年続け、時給はずっと最低賃金のまま。スナックは時給１８００円で週2、3日出勤している。

前夫は高校の同級生で、職業はトラック運転手だった。22歳のときに結婚して、長女と次女を授かった。35歳で離婚した。しばらくひとり親として家庭を支え、2年前に現在の夫（45歳）と再婚している。長女は昨年就職して家をでて、現在は夫と高校生の次女（前の夫との子ども）と3人暮らしである。

今の旦那と再婚は2年前。離婚してからはじめたスナックのお客です。旦那は工場の工員で、ちゃんと真面目に働いているのでいいかなって。旦那の給料は普通、低くもないし高くもない。旦那の収入と私のパートだけで暮らせないことはない。けど、パートの他にスナックの仕事も続けています。理由はいつ離婚になるかわからないし、高校生の子どもにお金がかかるし。旦那は渋々OKしていますね。

スナックは金曜、土曜の週2日出勤すると、月8万円程度になる。離婚後は夫の持ち家から家賃3万5000円のアパートに引っ越し、続けていた事務職のパートとスナックの収入、それに母子手当でなんとか生活できるようになった。再婚後は家賃がなくなって世帯収入は上がった。経済的には余裕ができて、毎月貯金ができているという。

長谷川さんに一応取材の主旨を説明したが、意味はよく理解していない様子だった。地元の信頼できる友達とただランチしながら、友達と一緒にいる人に質問されるまま自分のことを答えている、という状況だ。ママ友の井戸端会議の延長という雰囲気で、原稿として使うときに真理子さんに確認してもらうことで進めることにした。

最初の旦那との離婚は、旦那の借金。パチンコ依存で300万円の消費者金融からの借金が発覚して、すぐ離婚しましたよ。サラ金はダメだって、何度も話したことあるのに、まさかそこから借りているとは思わなかった。気づいたときには自転車操業している段階で、あまりにも金額が大きいし、利息もあるし、家を売ったところで借金が残る。なんか一緒にいるのが嫌だなって思って、すぐに離婚しました。借金がこっちに来ても困るし。

借金発覚時、長女は高校生、次女は小学生だった。シングルマザーは大変なことはわかっていたが、迷わず離婚を決意。夫と離婚の話し合いをして、近隣のアパートを契約、離婚届を提出した。借金が発覚してから離婚、家をでるまでに1カ月間もかかっていないという。

借金を背負いたくないから離婚したわけで、理由はそれだけ。経済的に不安だったけど、最初は水商売はやるつもりはなかった。頭にあったのは、なにかしらダブルワークして収入を上げなきゃくらい。元旦那が借金で家にお金を入れられなくなって、どっちにしてもパートの収入しかない。結婚生活を続けても子どもはかわいそうだし、別れちゃったほうがいいかなってすぐに思った。

夫のギャンブルによる破綻は、北関東では日常風景である。

栃木県には宇都宮競輪場、茨城県には取手競輪、ボートレース岩間、群馬県には桐生競艇、前橋競輪、伊勢崎オートレース場と公営ギャンブルが勢揃いし、パチンコ店、パチスロ店も充実している。北関東が今も昔も「ギャンブル王国」と言われる所以である。

特に毎日営業するパチンコ、パチスロは、いつでも遊びに行けて勝ち負けが予想できない上に、負けこむと本当にお金がかかる。冷静な判断ができなくなるギャンブル依存症と、多重債務者を続々と生んだ消費者金融が社会問題となってから、パチンコ業界は低レートの遊び（1円パチンコ、5円スロットなど）を提供するようになった。しかし、自分の収入では賄えない大きな金額が動く4円パチンコ、20円スロットはいまだ主流であり、1時間1万円～2万円が動くのでギャンブルの勝ち負けが家計や生活に直結する。勝てばもっと勝ちたくなり、負ければ借金をしてでも取り戻そうとするので、依存してしまうともう破綻と隣り合わせなのだ。

「本当にギャンブルにハマる人はたくさん。特に男の人。北関東は戦後の復興支援で公営ギャンブル場がたくさんできて、祖父祖母の代からギャンブルには慣れ親しみがあるの。

パチンコとパチスロ店も、すごい。他に遊びがないからパチンコしかなくて、ギャンブルにハマっちゃう。仕事してパチンコ、仕事してパチンコってそんな生活、当然生活費に手をつけちゃう。家計がおかしくなって利息の高い消費者金融で借金するのは、もう北関東のあるあるだよ」

真理子さんは捕捉として、そう合いの手をいれる。

長谷川さんはトラック運転手の夫のパチンコ依存、借金を抱えたので離婚した。離婚後、すぐに中学時代の友達からスナックのアルバイトを誘われている。市内の繁華街にあるスナックには建築系中小企業経営者、商店主、消防団員、工場上層部など、地元の高収入層が集まる。

彼氏からは10万円、セフレからは2万円

彼女は華のある美人で、典型的な男好きするタイプだ。40代以上の中年男性にさぞモテるだろう。スナックに出勤すれば、誰かしらから声をかけられる。

いまは、旦那以外に彼氏とセフレみたいな人が3人いますよ。彼氏は建築系の社長で、

あとの人もコンビニのオーナーとか、魚屋さんの店主とか。彼氏からはお手当みたいなのが月10万円振り込まれて、セフレは一度ホテルに行くと2万円くれますね。別に金額を決めているわけじゃないし、こっちからお金が欲しいって言っているわけじゃないけど、くれるの。

先ほど話にでていた「不倫売春」の一つの形態だ。会社経営者の彼氏は40代後半。3人のセックスフレンドは零細事業主で全員50代後半という。

夫に隠れて違法である不倫をしている自覚はあったが、売春という意識はなかった。彼氏、セックスフレンドは自分で選んだ相手であり、彼氏は月ぎめでお小遣いを、セックスフレンドは肉体関係のたびに、男の方からお金を渡している。それぞれに恋愛感情もあり、価格も自分で決めたわけでなく、男のほうから渡されている。

「彼女の場合は離婚からだけど、不倫はだいたい子どもが小学生になって、お母さんがパートをはじめてから。相手は仕事先で知り合った男がほとんど」

真理子さんは、そう言う。長谷川さんはスナックという男性が集まる場所で働き、不倫するとお金になる意識もあるので拍車がかかっている。一般的なお母さんたちの不倫は子どもが小学生になって、育児から離れてパートにでるようになってからはじまる。不倫相手は仕事先で知り合った男がもっとも多く、どこの工場も倉庫も、小売店も不倫は蔓延しているという。

ずっと同じ中小企業の事務職だったので、初婚のときの結婚生活では不倫経験はなかった。離婚後、友達に誘われて水商売をはじめて、不倫売春を初めて知ることになった。

「北関東では彼女みたいな客とホステスという関係性でなくても、工場の上司と部下、コンビニの店長とパートとかさ、どんな関係でも男性側は常識としてお金を払うから」

そうして売春による男性から女性への再分配機能が常態化してしまったと、真理子さんは説明してくれる。

その彼氏とかセフレからもらうお金は、平均して月25万円くらいかな。全部貯金できている。だから離婚してから、本当にお金に困らなくなったの。たまたま再婚しちゃったけど、これからなにがあるかわからないし、彼氏とかセフレとかからもらったお金は、旦那にバレない口座に全部貯金している。彼氏とかセフレはそれまでもいたけど、本格的にそんな生活になってまだ1年くらい。たぶん口座には200万円くらい貯まっていると思う。

家事とフルタイムの事務職、スナックホステスに、彼氏とセフレがいる彼女はかなり忙しい。月10万円を渡してくれる建築会社経営者の彼氏とは週に1、2度は会う。事務職のパートが終わった平日の夜にホテルで待ち合わせて、たまに車で東京に行ったりもする。ホステスと客として知り合った3人のセックスフレンドと、週末店が終わった後、アフターとしてホテルへ行く。ホテルに到着するのは深夜2時くらいで、家に戻るのは朝方になる。

工場に正規雇用されている夫もパチンコ好きで、平日でも帰りは23時を過ぎる。彼氏と会うときは23時までに帰宅するので「まったく問題がない」という。同居する家族、夫や娘には彼氏との不倫も、3人の男性との不倫売春も、色恋とカラダで稼いだお金を貯金する口座もバレていない。

不倫みたいなことをはじめたのは、すごく遅い、本当にスナックで働きだしてから。それまでママ友からの誘いで、男を紹介しようかみたいなことは何度もあった。けど、実際にするようになったのはこの数年。不倫は本当に簡単にお金になる。もっと早くしておけばよかったって、いまさら後悔していますよ。

スナックで働きだしてしばらく経ってから、お客の誘いでアフターすることは日常だが、ホテルの誘いはいつもうまくかわしていた。初めて勢いでホテルに行ったのは寂しかった2年前。

お金をもらうつもりはなかったが、帰り際、相手は黙って2万円をだしてきた。そのとき、不倫がお金になることを知った。同じ頃、プロポーズされた現在の夫と再婚したが、再婚をしても不倫はやめなかった。この1年、不倫売春に拍車がかかっている。長女が家をでて、次女が高校生になった。夫はパチンコ狂いで家にいない。それなりに楽しくてお金になる不倫をやめる理由がなかった。

真理子さんと長谷川さんは「長女が高校の同級生、ママ友」という関係だ。近所だったことで仲良くなり、何度も会って話しているうちに長谷川さんは真理子さんに現在進行形の不倫売春を打ち明けていた。

彼氏はかなり好きかな。旦那は微妙。他のセフレ男性はお金目当てではあるけど、それなりに楽しくはある。だから旦那にバレなければ、本当にいいことしかない。やめる理由がなにもない。一応、自分で選んでいる相手だし、遊んでいるみたいな感覚ですね。たぶん、みんなそうだけど、バレないようにホテルは他の市まで行っているし、ずっとこんな感じで続けられると思う。旦那は毎日帰りが遅いし、なにも知らないはずですね。

不倫カップルは多く、蔓延して一般化している現実はあっても、バレるとすぐに噂になる。大きな支障となる。不倫カップルはお互いバレないように細心の注意を払う。もっとも気を使うのは密会するラブホテルの場所で、地元ではどこに誰の目があるかわからない。20キロくらい離れたホテルにそれぞれ車で駆けつけ、部屋で待ち合わせる。

車のナンバーとか車体でバレちゃう。だから地元を男と歩いたりするのは当然、一緒の車にも乗らないの。このあたりのホテルはモーテルタイプが多くて、それぞれ部屋が独立していて車を2台停められる。だから不倫のときは、そういうモーテルの部屋で待ち合わせる。でるときは別々。隣の市とか、時間があるときは埼玉とかまで行くのでバレないですよ。

気心が知れた真理子さんがいてくれたお陰で、彼女はどんどんと語った。このような正規雇用や自営業者、会社経営者との不倫は、女性だけのＰＴＡやパートのコミュニティーでは当たり前のように情報交換されているようだ。周囲のノリを面白がって一歩踏みだせば、生活は楽になって私生活も充実する。

そして不倫売春の経験がある女性が、経験のない友達やママ友に「おいしくて、楽しい。おカネになる」経験談を伝え、また今日も誰かが一歩を踏みだしてしまう。

基本的にお母さんがパートにでている家庭は貧しい。楽しく簡単に稼げる儲け話は、みんな興味深く耳を傾ける。不倫売春に手を染めるお母さんがひとり、またひとりと増えている現状がある。

「結婚する人以外とは、付き合えません」から17歳で出来婚

民生委員の真理子さんから「東京からちょっと遠いけど、太田に行ってみない？　群馬県の」と連絡があった。数年前に次女の中学校のＰＴＡ会長をしているとき、群馬県太田市のある中学校のＰＴＡ役員だった野木恵子さん（50代、仮名）と友達になった。先日、

久しぶりに連絡したところ「熱心にパパ活をしている話をされた」という。

栃木県で真理子さんと待ち合わせ、彼女の軽自動車に同乗するか、電車移動で太田駅で待ち合わせるかを聞かれた。電車で行くことにした。

埼玉県の久喜駅で東武伊勢崎線に乗り換え、太田駅にむかった。15時に家をでて到着したのは18時近く。久喜駅は東京50キロ圏内の線上にある郊外で、久喜まででもだいぶ移動した印象だったが、そこから1時間近く私鉄に乗った。

太田は県内屈指の性風俗街だ。若い頃、男性向けの週刊誌や男性娯楽誌の仕事が多かった私は何十回、何百回と聞いたことのある地名だ。18時に到着したが、まだ少し早いのか通勤通学の人もなく駅構内は閑散としていた。

駅前の大通りから風俗街が広がり、煌々としたネオンが目につく。フィリピンパブを筆頭に様々な風俗店が密集し、路上には男性客に声をかけて自店に誘導するポン引きがあふれている。通行人より、ポン引き男性のほうが多い。ほんの100メートル程度を歩いただけで数十人に声をかけられる。とても、普通に歩けない。

チェーン系の居酒屋に入店して、野木さんの携帯に到着を伝えた。しばらくしてやってきた。彼女はまさにマダムという風貌で洋服やバックはブランド物、富裕な気品をまとう女性だった。貧困女性ではないようだ。彼女は40年来の群馬県太田市民で、現在は年上の夫と暮らす。前夫との間に5人の子どもがいて、すでに全員が独立している。

さっそく取材をはじめた。真理子さんと野木さんは数年来の付き合いであり、またしてもママ友の井戸端会議の延長という雰囲気だった。特定される可能性ある単語を使わないこと、写真を撮らないことがOKなら、なんでも語るといっている。

北関東では女性は物ですよ。物。セックスのための雌扱いです。

ICレコーダーを取りだすと、気品ある彼女からいきなりそんな言葉が飛びだした。「女性は物」「セックスするための雌」と訴えられてもピンとこない。いったい、どういうことか聞いていく。

群馬に引っ越してきたのは親の再婚ですね。元々ある地方にいたけど、母親が太田の男性と再婚した。元々いたところに残るのは許されなくて、仕方なくきた感じ。義理のお父さんが年齢近かったし、なんか合わなくて。私は家をかなり早くでて結婚した。最初の結婚は17歳で、出来ちゃった結婚でした。母親の家に居場所がなかったから。

義父は初婚で、人種としてはヤンキー。部屋が一つしかないアパート、3人で暮らすようになった。与えられたスペースは小さなリビングの隅で、汚れたカーテンで仕切られた。母親が再婚した途端に厳しい生活環境になった。

井戸端会議の延長という雰囲気だが、彼女の語りは流暢だった。昔、自分に起こったことを事前に思いだし、ある程度整理してから来てくれたようだ。

え、って状況になって。私が邪魔だったんだろうけど、義父は自分の知り合いの息子を連れてきて私と恋仲にさせようとしたり。家に居場所がなかったので中学生の頃からコンビニでアルバイトしていた。そこで、最初の旦那に声をかけられた。ナンパですね。付き合おうって言われて「結婚する人以外とは、付き合えません」って答えたら結婚するって。ナンパからすぐ結婚になっちゃった。一人暮らしで、家に帰らないでそこにいるようになって、出来ちゃった。17歳で出来ちゃった婚です。

最初の夫は、地元の建築作業員。趣味はパチンコ、パチスロ、競馬、麻雀、それと性風俗。女遊びも好きだった。

独立するまでは大変で、若い頃は仕事が全然続かなかった。喧嘩して辞めたとか。給料もらえなかったとか。大変でした。建築系なので収入は低くはなかったけど、ギャンブル好きで借金することがしょっちゅう。収入よりギャンブルで使うお金のほうが多い。赤ん坊がいるので農家の人から捨てちゃうような野菜とかもらったり、パンの耳をもらったり。あとDVがすごくて、本当に厳しかった。ギャンブルをやめろっていうと暴れる。

男性優位社会が浸透して長男信仰のある地域は、妻や恋人に対するドメスティックバイオレンスの話を本当によく耳にする。さらにギャンブルの負けは精神的に追いつめるので、ストレスはマックスになる。加害者のストレスはDV傾向を加速させる。

ものすごい暴力で3回骨折しました。髪の毛も切られたし、めちゃくちゃ。一番ひどかったのは成人式のとき、お腹に3番目の子どもがいて、出かけるとかできない。旦那の実家が成人式のときに初めて子どもを見てくれて、せっかく子どもを預かってもらっているから式が終わったら一緒に出かけようって話になったの。今みたいに携帯がないから連絡がうまくいかなくて会えなかった。友達が気を使って飲もうってなって、留守電にどこにいるっていれた。それで帰ったら、旦那が帰ってきて発狂してボコボコ。髪の毛を切られて、ポットで腕を殴られて骨折。よくよく聞いたら、旦那は忘れていただけだった。坊主で手が曲がっていたから病院では面会禁止になりましたね。

ＤＶ防止法が施行されたのは２００１年10月、それまで夫婦間暴力や配偶者暴力は夫婦喧嘩で終わっていた。特に家族関係が濃い地方では、家族の問題に警察や司法が介入することは稀で、ずっと女性が不遇な時代が続いた。

今みたいに家族の暴力は犯罪じゃなかった。殴られて鼻の骨を折ったり、ボロボロになることはもうたくさん。理由は覚えてないくらいあって、なにかを言えば口答えみたいなトラブルになる。前の旦那は自分に自信がなくて、外で嫌なことがあると、私にあたる。離婚するとき、おまえはなんでも我慢するんだな、みたいなことを言われたし。実家には居場所はないし、帰るところがない。本当にどんなひどいことがあっても、我慢するしかなかった。

男は避妊しなくて、妊娠したら女のせい

内閣府男女共同参画局の調べでは、警察への配偶者暴力の相談件数は2001年には3608件だったものが、17年には72455件。なんと20倍に膨れ上がっている。群馬県のアンケート調査ではDV被害体験は14・4パーセント、7人に1人が被害体験があると回答している。

データ上では突出して多いわけではないが、野木さんも真理子さんも「北関東の男はすぐに暴力をふるう。女性が我慢しているだけ」と口を揃える。

北関東の男が暴力がすごいのは、甘やかされているから。長男は当然、男の子ってだけで甘やかされる。あとDVはいまにはじまったことじゃなくて、もうずっと。代々、男が暴力が当たり前の家庭で育っているから、妻へのDVは普通のことになっちゃう。それとね、性暴力もひどい。北関東では〝女性は物〟なんですよ。北関東のなかでも特に太田は、

スケベな街だからひどい。

身体的、精神的な虐待だけではなく、夫婦間の性暴力は日常という、長男文化のなかで女性の地位が著しく低い地域の体質が理由であるようだ。

女の人は雌ですよ。雌扱い。まずこの地域はカラダを売る女性が集まっている。だから家族とか子どもと歩いていても、妻が隣にいても、お父さんが歩けばひたすら呼び込みがかかる。本当に下品な地域。もうスケベの売買が地域に根本から根づいているから、女は下半身をどうにかしてくれる物ってことです。もちろん奥さんも例外じゃない。私は純粋に群馬生まれじゃないのでしばらく理解できなかったけど、本当に女性に対する扱いはひどい。何度あきれたかわからないです。

まず、妻は夫からの性交渉を断ることができないようだ。

断るというのは、ありえないですね。断るなら家計のお金を使って風俗に送りだす、みたいな家庭もある。私はお金を使って風俗に行かれるのは嫌だったから、どんなときでも受け入れていたけど。まわりの奥さんとか、知っている家庭を見ていると、自分が嫌だったら女を買いに行かせるのは当たり前みたいな感じ。奥さんもそういう感覚で、風俗遊びは平気というか。自分でやるくらいだったら家計に影響がでても、旦那さんが外に行って性的なことをしてもらったほうがいいみたいな。それが隠しごとでもなんでもなくて、下手すると風俗店まで旦那を送迎する奥さんもいる。

野木さんも隣にいる真理子さんも、北関東の男女不平等な価値観にかなりの不満を持っていた。真理子さんは女性だけのコミュニティーでの結束の強さ、秘密保持の精度のたかさを繰り返しいっていたが、家庭や地域社会から虐げられる者同士の結束が根本にあるという。

「北関東は既婚者の人工中絶が多い。理由は男が避妊しないから。お金があって奥さんの理解があれば、パイプカットするけど、手術が怖い。お金もない。そういう人に子どもができちゃう。子づくりのためじゃなくて、性的快楽のためにやって望まない妊娠をしちゃう。家族で下ネタは普通、男は避妊しなくて妊娠したら女のせい。それが普通なの」

真理子さんは、あきれ顔でいう。そして、北関東の男性をこう分析する。

「ずっと実家住まいで、付き合う人間が子どもの頃からずっと同じ。だから男は大人になれない。成長しない。同じ価値観の人間としかつるまないから、ずっと子どものまま。だから男尊女卑が当たり前になって〝女性に対して失礼だよ〟って誰も言わないし、気づかない」

2人の女性市民は「男尊女卑が蔓延している」と主張する。

野木さんは地元の太田駅近くの居酒屋でかなり大きな声でしゃべっている。大丈夫かと心配になったが、それは本人に任せることにした。

子どもが5人もいるのは、旦那が性欲が強くて避妊をされたことがないのが理由。若い頃は毎日、毎日、毎日。断ったら暴力ふるわれるし、普通に犯されたみたいな感じになる。それで25歳のときに5人目を出産後、もう精神的にも経済的にも無理と思って私が避妊したの。リングね。ぜんぶ無理。無理無理無理無理無理って。結局、20年以上も一緒にいたけど、新婚の頃からずっと離婚したいと思っていた。だって毎日そうだから。

状況を聞くと、断るってからの暴力もあれば、子どもにあたって断れない状況に追い込んでいくこともあった、という。

そのまま犯されることもあるし、子どもに危害を加える雰囲気をだしてくる。断るとめちゃくちゃ不機嫌になって、子どもに八つ当たりみたいなことをする。仕事から家に帰ってきたとき、車のドアのしめ方でわかるの。大きなバンって聞こえると、今日ヤバイって。いろんな理由をつけて寝室に行かないように、行かないようにする。寝ている赤ん坊を夜泣きさせたりね。もう、いろんなことをして寝室に行かないようにするの。

本当にずっと夜がくるのが苦痛だった。やりたくないときにやるのは、心も体も苦痛だった。あのときのことを思いだすと、涙が浮かんでくることもある。

全員60代の3人の愛人たち

夫は心から嫌な相手だったが、結局離婚したのは40代前半。結婚生活は25年間に及んだ。

結局、だんだん夫の収入も上がってきて、子どもも大きくなるじゃないですか。そうしたら別にいいかなってなって。子どもたちも高校生を残して、みんな社会人になったから。このタイミングでって思った。チャンスだと思った。姑が元気なのもよかった。弱っている人がいると置いていけないから。子どもたちも主人より全然大きくなっているし、全員私の味方だったので問題なく離婚できましたね。

離婚をして地元で一人暮らしをはじめた。そこから人生は急展開する。

離婚後に付き合った男性にお金をだしてもらって、ある店をだしたの。起業ですね。それで収入は安定して、事業もうまくいって本当に順調だった。いまの旦那と知り合ったのは数年前で、旦那と結婚するときに事業は売却して辞めちゃいました。

数年前に再婚した現在の夫は会社経営者。収入は高く、豪邸と呼ばれる家に2人で暮らしている。夫は数年前に妻と離婚して、出会ってしばらくしてからプロポーズされた。家に入って欲しいといわれ、元恋人が出資をしてくれた事業を手放して再婚した。野木さんは、お金にはなにも困っていない富裕層だった。

でもね、お金に困るのは今後だと思っているの。今の旦那のために仕事を辞めて再婚を決めた。でも会社や家を継いでいくのは夫の子どもたちだし、いつ離婚つきつけられるかわからないし、仕事は辞めちゃったけど、もしものことを考える。だからパパ活っていうんですか？　お小遣いをくれる彼氏とかセックスフレンドを確保しています。

現在、生活費として夫から月数十万円をもらっている。家賃はかからないし、子どもも独立している。使い切れない金額だが、老後のことを思うと、胸が締めつけられるほど不安になる。どうすれば夫がいなくても生活できるか、をよく考える。そこで浮かんだのが不倫売春という。「え？」と耳を疑う行動だが、真面目にそういっている。

やっぱり近所とか地域をみれば、貧困だらけじゃないですか。私も若い頃は貧しかったし、貧困とか貧乏に落ちたくない。だから特定の彼氏を見つけることにして、声をかけられてお金をくれるって男性を何人か確保しています。

夫や会社で秘書的な仕事もしている。下請けや仕入れ先との付き合いや異業種パーティーのような会に出席すると、60代以上の男性からよく声をかけられる。声をかけてくるのは県内の中高年経営者で、元請けの経営者の後妻と知っていてもナンパのようなことをする男性は多いようだ。

愛人的な。全員60代ですね。67歳、61歳、63歳。当然、肉体関係はあります。旦那の知り合いまではいかなくて、仕事関係者ですね。パーティーとか接待でナンパされるけど、やっぱり群馬県の男性は軽い。既婚者ってわかっていても、声をかけてくる。お金を包ませて、みたいな。

野木さんは夫にバレないように愛人と密会して、肉体関係になり、そのたびにお金をもらっている。地元をさけて東京や前橋、高崎のシティホテルでデートをする。一度の報酬というかお小遣いは5万円～15万円、もらったお金は自分の口座に貯めている。

いま貯まっているお金は３０００万円くらい。まだまだ足りないですね。１億円くらいはないと心配。だから愛人をもっと増やすかも。旦那に悪いとか、まったく思わないかな。

野木さんには根本に「男は信用できない」という猜疑心と、どこまでも男性優位な地域に対する絶望があった。そのネガティブな体質を逆手にとって女をフルに使って富を得ている。夫に対する罪悪感みたいなものは、まったくなかった。

自分で選択した恋人や配偶者は、自己投影だとよく言われる。彼女だけでなく、不倫売春に走る北関東の女性たちは前向きで楽しそうだった。一家団欒みたいな幸せな風景を維持しながら、あらゆる場面で優遇されていると感じる男性たちと対等でいるため、良妻賢母のような倫理観にあふれた母親像では実現できないことがあると知っていた。少しのお金が足りない貧乏や貧困が引き金となって、不倫売春に走り、あらゆる女性だけのコミュニティーでその行為は賛同や共感がされる。

笑顔で不倫売春するお母さんは、男性たちと男尊女卑が浸透する地域が作りあげたといえる。

フィリピン人の母親に捨てられ、親権者にウザがられ

翌日、群馬県太田市在住の百合奈ちゃん（仮名、17歳）という未成年の女の子に会った。SNSで知り合った子でメッセージには「悩みがあります。けっこうツライ状況です」と書いてあった。

子どもの貧困やネグレクトがキッカケとなるパパ活や違法風俗勤めなど、非行少女を想像していた。しかし、待ち合わせ場所に現れたのは、理知的で真面目そうな華奢な女の子だった。まだまだ幼さが残り、女子中学生といった印象だ。17歳には見えなかった。

最初に伝えておくと、百合奈ちゃんが非行に走っているわけではなく、彼女の母親が不倫や不貞行為を繰り返し、彼女は人生を振りまわされていた。17年間、機能不全家庭で育っている。そして先日、完全に家庭崩壊し、最低限度の生活もままならなくなった。現在、どうにもならないところまで追い込まれていた。

「先日、お母さんに親権を切られてしまいました。もうどうしていいかわからないし、本当にショックだった。けど、なんとか生きていかなければならない。今はある男性の家で

暮らしています。お母さんはメチャクチャな人だとわかっていましたけど、まさか実の子どもの親権を切るとは思わなかった。

我々を見るなり、みるみるうちに泣きだしてしまった。未成年児童ということで民生委員・真理子さんにも同席してもらった。かわいいハンカチで涙を拭っている。落ち着くまで待ち、いったいなにが起こっているのか聞く。見た目ではわからなかったが彼女はフィリピン人と日本人のハーフ（母親がフィリピン人）で、学年でいえば高校2年生の年齢だった。

とても高校に通学できるような状況じゃなくて、1年生のときに中退しました。去年です。半年前に母親に親権を切られて、いまは知人男性の家で暮らしながら1人で生きていける資格が欲しくて美容室で働いています。すごく長時間労働ですけど、月給は6万円しかもらえなくて、本当にギリギリの生活です。

一度聞いただけではわからない境遇だった。母親はフィリピン人で、現在35歳。母親が

18歳のとき、フィリピンで旅行者だった実の父親と知り合い、結婚するために来日。彼女が2歳のときに離婚、実の父親のことは一切記憶になく、誰だかわからない。

それから母親の同棲する日本人男性の居住地にあわせて、東北、東京、静岡などを転々とした。小学校5年生のとき、群馬県太田に引っ越し、母は現在の義父と再婚した。義父は自動車工場勤務、母親は食品系の工場に勤めている。

落ち着きを戻した彼女は、その年齢とは思えないしっかりした口調で語る。頭のいい子だと、すぐにわかった。

ずっとアパートで暮らしていました。私が母の連れ子で、妹は義夫との子ども。4人暮らし。でも半年前に母親が一方的に離婚して家をでてしまって、私は親権を切られて男性の家に預けられたって状態です。母親はもう別の日本人男性と一緒に暮らしています。その男性との子どもを妊娠して、近いうちに結婚するようです。私のことが邪魔だし、いらなくなったんです。

いま私の親権者は義父で、母親がいないので、とても私がなにか頼れる関係性はないです。私はもう家を出たので、義父が現時点でなにをやっているかわからないし、会っていないです。お母さんも親権を切って、別の男性と暮らしてからは知らぬ存ぜぬで全然会っていません。

現在、暮らしているのは38歳未婚男性が暮らす一軒家で、料理と洗濯をする条件で2階の一室を使っている。その人は母親と義父が連れてきたアイドルファンで、娘との同居を母親が交渉したという。

どうも母親は自分の子どもの扶養義務を血のつながっていない義父に押しつけて離婚。困った義父は知人であるアイドルファンのおそらくロリコン傾向がある中年男性を見つけてきたようだ。母親が娘との同居を交渉。娘を押しつけた流れのようだ。あまり聞いたことのないメチャクチャな状況である。

その男性は義父の知り合いで、親戚でもなんでもない。その方が一軒家を買うってことで部屋があまる。それで私のことを頼んだみたいです。システムエンジニアで出張が多い、ほとんど一人暮らしみたいな状態です。母親と義父がその方に私との同居を持ちかけて、母親は何度も頭を下げて説得していました。

母親と義父の離婚理由は、母親が別の男性の子どもを妊娠したこと。母親は義父との結婚生活の継続ではなく、離婚し、妊娠の相手と再婚することを望んだ。相手の男性は現夫との離婚、それと連れ子がいないことを条件にだした。百合奈ちゃんが邪魔になった。

義父も私の面倒をみるのを嫌がりました。下に妹がいて自分の子がいるので、いっぱいだって。親権は父親が持っても「面倒をみることはできない。行き場所があるなら、でていってくれないか」ってはっきり言われました。児童養護施設に入ろうか考えました。すごく悩みました。義父との関係は小さい頃から自分の父親ではないって意識があって壁があった。結局、あまり馴染めなくて、話をしたこともほとんどない。そういう背景があって、いまの状態になりました。

実の母親に捨てられた、親権者の義父にウザがられた、知らない中年男性との生活、低賃金の長時間労働、どこにも居場所がないなど、彼女の状況は問題だらけだ。すべての出来事が彼女のストレスになっているが、会ったときに感情が高ぶって泣いてしまったのは、母親に親権を切られたことのショックが理由という。

自分の血のつながっている親は、お母さんしかいなかった。勝手に親権を切られたのを知ったとき、病みました。本当に心からショックでした。どっちにつくとか聞かずに切られました。「私はリセットしたいから」ってそれだけ。聞かされたとき、お母さんにももう新しい家庭がありました。

本当は一人暮らしし、高校に行きたかった。

でも、自分で働いて高校に行きながら、一人暮らしまではどう考えても不可能です。アパートも借りることができないし、収入が圧倒的に足りない。高校に行くにしても、義父に頭を下げにいくのは嫌でした。

そして悩みに悩み、高校を中退して働き、現在居住する中年男性の家に住むことにした。

光熱費とか家賃はいらないって。家事してもらって、自分の生活費とか食費とかだけ負担してくれればいいよって。それで、いま一緒に住まわせてもらっています。

市内のファミレスで語りを聞いている。なんでも好きなものを頼んでいいよというと、ストロベリーのパフェを注文し、おいしそうに食べていた。

勤める美容室は最低賃金も払わない違法労働で、月収は6万円と極端に低かった。未成年、ハーフ、学歴がない、親権者もいないという行き場のない状況につけ込まれて、違法な労働条件下で働かせられていた。

6万円は食費と携帯代、それと最低限の洋服や下着を買うと綺麗になくなる。笑顔でパフェを食べながら「スイーツは大好きだけど、お金がないのでなかなか食べないです。すごくおいしいです。ありがとうございます」と笑っていた。

美容室で常勤勤務、賃金は生活保護の生活扶助の金額よりも大幅に低いので貧困状態だ。貧困取材ならば、日々の苦しい生活や違法労働について聞いていくところだが、あまりにも環境と状況が悪く、他に聞かなくてはならないことがあった。もっとも気になるのは、現在同居する中年男性と肉体関係はあるのか、ということだ。

本当に幼く見える。子ども、女子児童だ。聞きづらい。「その中年男性と深い関係は?」と、さらりと質問を投げた。「ありません」と何度も首をふる。「でも、あったほうが気持ちは楽かな」と、また涙目になった。

恋愛関係はないです。でも、それっぽい雰囲気になることはあります。

そう言いだした。「彼ではなくて、私がです」と言葉が強くなる。

いい人だな、の延長です。年齢差あるし、ただでさえ、同情で一緒にいるのかわからないけど、そういう子をそういう目で見ることができないと思う。言わないですけど、私はそういう関係になりたい。2階の部屋をわけて使っていて、リビングでは一緒に過ごしています。一緒に住んでいても、住まわせてもらっている身なので安心できないというか、いつも不安。だから恋愛関係になったほうが私の気持ちが楽だし、私は心の奥底でそうなることを望んでいます。

恋愛関係だけでなく、結婚まで望んでいるようだった。17歳なので結婚できる年齢ではある。

彼が私でいいなら、結婚したいです。私も今から誰かと出会って、時間とお金をかけて関係を構築する自信もなくて、もう人生を諦めているというか。人生、無理かなって。本当は通信制の高校に通って美容の専門学校に行きたい。けど、未成年だし、収入が低いし、親がいないし、いろいろ難しいです。

中学生のような風貌の女の子が「人生諦めている」と肩を落とす。痛々しかった。親がいない未成年で選択肢がない。保護者も学歴もなく、行動が極端に制限される。どこにも行き場所はなく、職場ではブラック労働を突きつけられ、将来の見通しはまったく立たない。立てようがない。現状と境遇を客観的に眺めて「諦めた」ということだった。

肉体関係があれば、気持ちは楽になる

日本にフィリピン人女性が増えたのは80年代後半から。太田駅周辺は現在もフィリピン

パブだらけである。

80年代後半、タレントや芸能活動する外国人の入国を許可する興行ビザの制度がはじまった。芸能活動とは建前であり、全国各地にフィリピンパブが乱立した。自国で貧しさに苦しむフィリピン人女性は、自国の家族のために日本で出稼ぎする女性が激増した。ダンサーや歌手として活動する興行在留資格で入国し、ほぼ全員が芸能活動をすることなく、資格外活動であるホステスをやらされた。そして「優しいフィリピーナ」は日本で大流行となった。


先日、私は日本で子ども2人を育てるフィリピン人シングルマザー（43歳）の聞き取りをした。彼女は22歳のとき、家族のためと親戚に説得されて日本行きを決断、来日して東北地方のフィリピンパブで働いた。フィリピン人女性が日本のフィリピンパブで働くためには、興行ビザ取得、渡航、入国、住居の確保、所属する店の決定など、様々な手続きや準備が必要であり、自国と日本の人材ブローカーが介入する。当然、搾取の温床となる。

結局、人材ブローカーからの借金、渡航費、諸費用などいろいろ引かれ、週6日みっちり働いても、もらえるのは月9万円だけだった。月給9万円から5万円をフィリピンの親に欠かさず送り、日本ではアパートと店を往復するだけの最低限度の生活となった。4回目の来日のときに客だった日本人男性からプロポーズされて結婚、出産した。10年の結婚生活を経て離婚。養育費はもらえず、食品工場で低賃金な肉体労働の収入だけで子ども2人を育て疲れ果て、「もう限界です」という内容だった。

人権的に問題がある悪しき興行ビザの制度は、2004年アメリカ国務省に「人身売買」と非難されて廃止となっている。

百合奈ちゃんの母親が来日したのは、18年前。2001年だ。興行ビザ制度が廃止になる以前であり、彼女は「実の父親とフィリピンパブで出会って結婚を決めたようです」と母親が来日した経緯を説明するが、フィリピンパブで働くタレントとして出稼ぎにきた女性である可能性もある。フィリピンパブだらけの太田には、当時の興行ビザ制度で来日して日本人男性と結婚して永住権を手に入れ、現在もホステスを続けるフィリピン人女性はたくさんいる。

百合奈ちゃんは「トイレに行きます」と席を立った。席を離れて彼女が見えなくなったところで、隣にいた民生委員の真理子さんと目をあわせてしまった。都市圏ならば児童相談所が即時保護しているだろう深刻な状態だ。ずっと黙って聞いていた真理子さんが口をひらく。

「北関東はフィリピンパブ、クラブはめちゃめちゃ多い。フィリピン人の女性が父親のわからない子どもを産むのは日常で、私が支援した家庭でも似たようなケースはありました。外国人は北関東のなかでも群馬に特に多くて、隣町の大泉とかはリトルブラジルって呼ばれていますから。群馬の地域性の一つとして父親のいない子どもがいて。フィリピン人の母親は育児放棄、自分が男をとっかえひっかえみたいなのは、よく聞く話なんです」

真理子さんはそう解説してくれる。調べてみると、群馬県の外国人住民数は56597人（2018年12月末現在）でブラジル、ベトナムに続いてフィリピンが多く、フィリピン人の住民は7984人。さらに太田市は11140人の外国人住民がいる。100人あたりの在住者人数を見てみると、群馬県は2・69人（法務省調べ）で東京都、愛知県に続く、全国第3位となっていた。

知らない異国の地にきて寂しくなり、子どもよりも自分自身を優先してしまう心情は理解できなくはない。しかし、育児放棄がめずらしくないところまで発展してしまうと、福祉によるセーフティネットが必要である。百合奈ちゃんは児童養護施設に行くか迷ったというが、中年男性と暮らすならば施設に行くべきだし、親が育児放棄をしても望んでいる高校に通うことは可能だったはずだ。
彼女への支援は真理子さんに任せることにして、取材を続けた。戻ってきた百合奈ちゃんに、これまでどのような生活環境だったのかを聞いていく。

実の父親はいないし、父親からの愛情みたいなことがわからなかったので、母親の男性関係はあまり気になりませんでした。正直、次々です。また新しい男の人がいるなって感覚で、今回は妊娠してしまったので離婚、これから再婚ですけど、それまでも、お母さんが義父がいないときに自宅に男性を連れ込むのは日常でした。だから家に男の人がいるのは慣れていました。

自宅に男性を呼ぶときは、「部屋からでるな」と言われる。義父が働きにでている平日の昼間、夜から深夜にかけてが多かった。彼女が高校生になってからは夫婦間に亀裂がはいっていたのか、義父がいるときでも様々な男性を自宅に連れ込んでいた。

母親は工場で働いていていて、工場長みたいな男性も来たことがありました。社内恋愛みたいなことかなって思っていました。あと同じフィリピン人友達みたいなのは、群馬なのでたくさんで、友達の紹介とかもあるんじゃないですか。お友達とかよくパブで働いていたりするので、そこのお客さんとか。いまの再婚した男性に行きつくまで、男性はずっと入れ替わっていましたね。30人以上はいたと思います。それと帰って来なくなる。2年くらい前から男の人を連れ込みはじめてから、帰ってこない日が増えた。

妻が男性を自宅に連れ込み、また朝帰りが繰り返され、義父のストレスは日々大きくなった。母親がいない家は彼女と2人の子どもである妹、そして義父である。義父の苛立ちは百合奈ちゃんにむかった。

虐待がひどい時期もありました。お母さんが帰ってこない時期は、ファイルの角でよく殴られた。硬いのですごく痛い。地元の合唱団に入っていて、楽譜のファイルがあって。そこに通うためにお父さんに送り迎えを頼んでいたんです。帰り道、すごくイライラして殴られる。なんか怒鳴られて、殴られる。昔怒られたようなことを引っ張りだして殴られる。痛いです。家の手伝いをしないとか、俺が思っていることをしないとか。気が利かない、役立たずがみたいな。

彼女は母親の苗字が変わっても、まだ父親の苗字を名乗る。それはすごく嫌なことの一つだという。

同じ苗字でいるのは嫌です。虐待のことは誰にも言えなかったし、この人がいるから今学校に通えているってこともわかっていた。だから、なにをされても反応しなかった。どんなに痛くても、泣くこともしなかった。我慢です。妹がいたので。恥ずかしいところを見せたくなかった。でも、耐えられなくてリストカットとか癖ついちゃった時期があって、さすがにこのままだとダメになっちゃうなってスクールカウンセラーに相談したこともあった。でも、精神科は保護者と一緒じゃないと行けない。だから受診はできませんでした。

――本当にツラいことばかりだね。

正直、恥ずかしい。こういう場だったら、自分の家庭環境とか話せるけど、友達には言えない。説明がすごく大変で、誰にも理解されない。まず家をでて男性の家に引っ越すとき、誰の家にいくのって。説明できない。危なくないの、変だよねとか。

――お母さんのことは、どう思っているのかな。

好きですね。大好きです……すみません。

「大好きです」と絞りだすように言って、泣いてしまった。母親は彼女にとってたった1人の肉親だが、親権を切られてしまったので戸籍上は母親ではなくなった。痛々しい現実だ。

――親権を切られたのは、ツラいね。

なにも言わないで親権切るような母親と思っていなかったので……正直言ってしまうと、本当にツラい。お母さんは「今までのことをリセットしたい」と言っていて、そう、私に言ってきたんです。でもお母さんはリセットできても、子どもってリセットできないんですよ……そういうことを、お母さんに言いたかったけど、言えなかった。お母さんが好きだから、なにも言えなかったです。

――生まれたときからずっと、お母さんにふりまわされている。

そうかもしれないです。でも、お母さんを恨むことができるなら一番楽だけど……でも、それをしてしまったら将来、自分がお母さんとして子どもを見られなくなっちゃうだろうなって。お母さんの女の部分をずっと見てきたので、私は、私の中だけでもお母さんでいて欲しかった。お母さんがこうだったから、私がこうだとか。思いたくない。

最後は振り絞るように母親に対する想いを語って終わった。百合奈ちゃんはまだ泣いている。このまま中年男性との暮らしを続けるのか、違法労働を続けるのか。もう一度、生活を立て直すのになにが必要なのか。技能実習制度の法改正がされて、これから外国人労働者の受け入れが本格化する。福祉や制度から放り出されている彼女の厳しい境遇は、これからの日本で勃発しまくるだろう事態である。地方自治体や都道府県、国はどうするのだろうか。

百合奈ちゃんへの支援は真理子さんに任せることにして、私だけ先に店をでた。

第3章
地方出身、東京在住の貧困女子
本当に仕事がない。地方は本当に終わっていますよ

今まで子どもだったから言わなかったけど、あなたのことは援助交際で育てたのよ。それと風俗、大変だったんだから。

島根をでる前日、ママに挨拶したの。しばらく東京で暮らすからって。そうしたらママは「あなたの部屋が空くのね」ってすごく喜んでいた。
——東京に来て2日目。漫画喫茶で2泊して、なるべくお金を使わないようにした。その日に残金は2000円を切った。呆然と歌舞伎町を歩いていたとき、ガールズバーの客引きの男にナンパされた。事情を話したら「じゃあ日払いで雇ってやるからカウンターに立っていろ」と言われた。

——島根県から上京。20歳。

東京貧困女子と北関東の貧乏、貧困の比較

貧困は経済的な貧しさ、病気、希薄な人間関係、孤独、救済制度の知識不足など、ネガティブな要素が重なって深刻になっていく。女性には男女格差ものしかかるので貧困に転落しやすい。地縁のない東京在住の単身女性は、低い賃金に重い住居費負担によって簡単に貧困のラインを越えて苦境に陥っていく。

だいぶ前から日本の単身女性3人に1人は貧困状態といわれている。東京だけではなく、都市圏では本当にすぐ隣に女性の貧困が存在している。

都市圏の貧困は多岐にわたる。例えば18歳~22歳の親からの仕送りが少ない大学生、専門学校生は、空き時間のアルバイトだけでは、まず学生生活に必要なお金を獲得することはできない。お金が足りないことが常態化し、現在、大学キャンパスは貧困の巣窟となっている。

学生たちは学生生活の継続のために合理的に稼ぐ必要があり、本人の性格や向き不向きに関係なく、夜の世界に踏み込まざるをえない女子学生があふれている。どこの繁華街でもキャバクラやガールズバー、風俗店は現役女子学生だらけであり、Ｔｗｉｔｔｅｒでは

女子学生たちのパパ活活動のつぶやきであふれている。

男子学生もまったく同じだ。合理的に稼ぐため、ホストやキャッチ、スカウト、水商売など、違法な仕事やグレーな仕事に続々と流れている。

常に貧しく、時間に追われる学生時代をなんとか乗り越えても、貧しさから逃れることはできない。卒業すると奨学金返済がはじまる。いまの社会は賃金が安い非正規雇用が蔓延し、労働条件の悪いブラック企業があふれている。苦しかった大学を卒業しても、貧困ラインの苦しい生活は続く。

女性の非正規雇用率は現在55・5パーセント（厚生労働省調べ）であり、全体の半数を超えてしまった。非正規雇用で都市圏で単身暮らし、たったその2つの条件が重なっただけで貧困となる可能性が高いのだ。一度、非正規に落ちてしまうと正規に戻るのは困難で、ずっと給与は上がることなく、這いあがりようがない。ギリギリの生活を続けなければならない。

貧困女性がもっとも人生の方向転換ができるのは結婚だ。仕事する男性と結婚して同居し、世帯収入を上げることができれば貧困から抜けだせる。しかし、現在は階層社会なので貧困女性のまわりには貧しい男性ばかり。中流以上の男性と出会いがない。

自宅と職場の行き来だけの日常で人間関係も狭くなり、出会いも限られ、情報も入ってこない。お金がないので交遊費もなく、服や化粧品も買えない。恋愛や結婚すら、貧困女性には大きな壁となる。

一つの壁を越えて恋愛、結婚し、人並みの普通の生活を手に入れたとしても、まだ安心できない。夫からの暴力やモラハラ、性格の不一致などで3組に1組は離婚する。いつ貧しい単身に逆戻りになるかわからない。子どもを授かってシングルマザーになってしまったら、もはや深刻な貧困から逃れることはできない。シングルマザーで人並みの生活をしているのは技能のあるキャリアウーマンや、助けてくれる親が近くにいる一握り、それと高い価格を維持できている風俗嬢くらいだろうか。

息切れしながらなんとか生きてこられたとしても、40歳を超えると低賃金の非正規の雇用でも採用してくれる業種は限られてくる。最低賃金に張りついた仕事にも年齢で断られることもある。

腹をくくって風俗や売春などに手をだしても、40歳を超えると女性としての価値低下と、女性の供給過剰によるデフレで価格は著しく安い。都市圏の貧困女性は、働いても、結婚しても、裸になってカラダを売っても、安定した普通の暮らしはなかなか望めないのだ。

一見華やかな東京、または都市圏で、女性が1人で暮らしていくのは本当に厳しく、長い人生のどこかで躓いたら貧困に転落し、生涯抜けだすことができない可能性が高い。

そして北関東(地方)の貧乏、貧困の風景は、孤立しながら1人で悶々と苦しむ都市圏の貧困とはだいぶ異なる。

深い地縁があるなかで、地域の親や親戚、知り合いや友達はたくさんいる。しかし、地方は保守的な家族観が脈々と受け継がれている。長男信仰からくる男尊女卑的な文化が根深く残る。北関東では地元でずっと生きることを決めた若者たちは高校卒業して就職するのが一般的だ。18歳で車の免許を取得して、車を購入し、大人として車社会に参加する。

高校新卒の雇用があるのは各種工場や倉庫、車の販売、飲食、サービス業、介護施設など。総じて手取り11～13万円程度と安い。多くの非正規雇用は最低賃金に張りついているので、常勤で働いても年収は180万円を切ってくる。

実家で暮らして家賃がかからず、多少の食費で済むにしても、車を所有するだけでお金が足りなくなる。さらにギャンブル王国なので、人によっては負けが込んでまったくお金が足りなくなる。ギャンブルは長期的に継続すると、ほぼ全員が大きくマイナスになるので、ますます貧困に拍車をかける。北関東は歴史的に夜の仕事は盛んで、様々な求人があるので、ひとり、またひとりと夜の世界へと流れていく。

地方でも貧困や貧乏から抜けだす一つの分岐点は結婚だ。結婚して男性の家に嫁いでも、夫の車とギャンブルが家計を圧迫し、男性優位社会なので嫁に対するドメスティックバイオレンスやモラルハラスメントが蔓延している。

夫が正規雇用でも、賃金が高いわけではない。正規雇用の夫と非正規雇用の妻の世帯収入は、車を所有してギャンブルするだけで圧迫する。結婚後も貧乏は継続することになる。そして貧しさだけでなく、受け継がれる女性軽視の風潮に我慢に我慢を重ねた一部の女性たちは、不倫売春に走り、中流以上の正規雇用の既婚男性や自営業の既婚男性から再分配を受けている。

北関東の一般的なマイルドヤンキー家庭は車、ギャンブル、遊びとたくさん消費するのでポジティブに評価する人は多いが、低賃金と過剰な消費がアンバランスなので歪みが生まれている。今回の県民女性たちの語りから見えた荒れた現状は、まずは女性軽視が受け継がれる地域の文化が生みだしたといえる。都市圏と北関東の貧乏、貧困女性たちを図表化して比較してみよう。

都市圏と北関東の貧乏、貧困女性たちの比較

	北関東	都市圏
居住	実家	一人暮らし
家賃	なし	5万円〜7万円
ローン	毎月数万円	なし
結婚	既婚	未婚
子ども	複数	なし
人間関係	濃い（中学時代のコミュニティー）	薄い
学歴	高卒中心	大卒中心
雇用	夫・正規、妻・非正規	非正規
副業	非正規職、不倫売春	非正規職、風俗、パパ活
移動	車	電車、バス

繰り返すが、都市圏の貧困は、まず高額な家賃に圧迫される。年収手取り180万円の非正規職は家賃6万円の部屋に住めば、住居費は72万円、可処分所得の4割が消える。新自由主義で労働は市民のセーフティネットではなく、暴落した物と化しているので労働報酬は極めて低く、高額家賃がある大前提だけで生活は苦しくなる。食費をはじめ、すべての消費を切り詰める生活を余儀なくされる。人間関係を広げることも維持もできなくなり、閉じこもりがちになる。閉塞した生活からだんだんと希望を失い、孤立し、どこからも有益な情報はなにもはいってこないまま、1人で悩み続ける人生となる。耐えられなくなって精神疾患になってしまう女性も、本当にた

くさんいる。
一方、北関東の貧困は実家暮らしで家賃がかからない代わりに、車の車両代、維持費がかかる。新車を買えば毎月数万円のローンがあり、2年毎に車検、毎年自動車税の請求があり、日常のガソリン代がかかる。東京の家賃と同じく、車を所有しただけですべてを切り詰めても、生活は苦しい。これにギャンブルの負けが込んでしまったら、もう破綻となる。

都市圏も北関東も、一般女性が普通の仕事に真面目に取り組んでも、普通に生活するための収入を得ることができない構造的原因がある。常にお金が足りない状態となると、節約をしながら収入をもっと上げなければならない。多くの貧しさに苦しむ女性たちは、自分が所属するコミュニティーからはもっと生産性を上昇させる有益な情報はないので、収入を上げるために低賃金労働のダブルワークをする。必然的に長時間労働になる。

この数年、貧困問題が叫ばれるなか、最低賃金だけはどんどん上昇している。令和元年10月から最低賃金は東京1013円、茨城849円、栃木853円、群馬835円となる。それでも、まだまだ日本は国際的にはかなり低い水準にある（オーストラリアや欧米諸国は軒並み1500円を超えている）。貧困は自己責任か否かが様々な場所でよく議論されているが、単純に日本は賃金が低く、消費税を筆頭に税制が上層に有利になっているので、負担が価値を暴落させている下層に圧し掛かるシステムを採用しているので貧乏なのだ。

しかし、どんな劣悪な社会であっても生きていかなければならない。貧乏、貧困から抜けだすためには、簡潔に収入をもっと上げて、可処分所得を上昇させる必要がある。都市圏ならば住居費を下げる、北関東ならばギャンブルをやめて車を手放せば、だいぶ家計費は改善する。

デフレが続き、マイナス成長のなかで鞭を打つような消費税増税となった現在、八方塞がりの状態は継続している。お先真っ暗だ。私が最初に定義したように〝状況は女性たちの行動に現れる〟。

北関東のお母さんたちは不倫売春による自主的な再分配機能を作りあげ、まだまだ子どもである現役女子大生たちは、女性たちの状況を知り尽くす女衒業者によってパパ活や夜の世界へと誘導される。

公的なセーフティネットが機能していないなかで、女性たちが価値を自主的に生みだす行動はこれからもっと増えていくはずである。

ホームレス。雇ってくれて本当に助かった

経済が活発でなく、職業の選択肢が少ない地方にとどまることを自己責任とする「地元を離れて東京（都市圏）に行けばいいじゃん」という考え方は、ずっと昔から存在している。

自己責任とは「あなたが貧困状態にあるのは、あなたの選択の結果であり、苦境の責任はあなた自身にある」という考え方だ。地元で生活が苦しいなら、たくさんの選択肢がある都市圏に行けばいいという意見は一般論として蔓延している。

確かに都市圏には地方出身で進学や就職で上京、順調にキャリアを積み、幸せに暮らしている人は本当にたくさんいる。でも、それ以上に躓いて深刻な貧困に苦しんでいる人もたくさんいる。

貧困は経済的貧困を基底として、関係性の貧困、情報の貧困のどちらかが重なる、また3つとも該当してしまうと、抜けだしようのない深刻な状態となる。

経済的貧困は低賃金、低収入のお金の問題だ。関係性の貧困は近くに親や血縁関係、友達、コミュニティーなどの人間関係があるか、ないか。社会的に孤立しているか、していないか。情報の貧困は「健康で文化的な最低限度の生活を保障する」生活保護制度を筆頭

に、数々用意されているフォーマルサービスや、地域のインフォーマルサービスを知っているか、知らないか。貧困は当事者の生活環境、人間関係、知識によって深刻さはまるで変わってくる。

実際、生活保護の捕捉率は2割程度といわれている。8割は制度が利用できる苦境に陥っているのに使っていないことになる。当事者の知識不足、情報の貧困によって権利である社会保障が行き届いていないのだ。

選択肢の少ない地方を離れて都市圏に移動することは、これまで培った地元の関係性を一度リセットすることになる。経済的に豊かになる可能性のために人間関係という資産をリセットする、という選択だ。この章では地方出身、東京在住の女性たちを見ていくことにする。昨年（18年）10月だったか、新宿の歌舞伎町に行ったときのことから書いていこう。

数時間前、歌舞伎町のホテル街で若い女性の飛び降り自殺があった。警官たちが非常線を張って騒然としていた。歌舞伎町には飛び降り自殺が絶えないと噂のビルがあり、どうもそこから20代の女の子が飛び降り、通行人の男性を巻き込んだという。病院に運ばれた男性はまだ息があって重症、飛び降りた女の子は死亡した。あとから掲示板を見てみると、死亡した女の子は自殺場所近くのホストクラブにハマり、借金を抱えていたという。

夜の世界は、国や地域の経済状況と連動する。歌舞伎町の水商売は景気が悪く、女の子は稼ぎづらく、ホストのツケの回収も過酷になっている。夜の世界は目の前の利益が最優先されるので、金銭トラブルで自殺するまで追いつめられることはよくあることだ。しかし、若者が繁華街の金銭トラブルで命を落とすのは、何度聞いてもいたたまれない気持ちになる。

自殺現場を見に行ってみた。女の子が叩きつけられたアスファルトには、まだ血痕が残っていた。私は気分転換をしようと、事件現場近くのガールズバーに入った。時間が早いからか客は私だけだった。

この店で働いて10日くらい。私、ホームレスなんですよ。この店は雇ってくれて本当に助かっているよ。

たまたまついたユズキちゃん（仮名、20歳）という女の子が、私を相手に自分語りをはじめた。彼女は美人でも可愛くも、地味でもない、どこにでもいる20歳の女の子だった。

学生に換算すると大学2年の年齢である。

いま住んでいるのは、歌舞伎町の漫画喫茶。疲れがとれないし、キツイかな。

よくしゃべる女の子だった。適当に相槌を打ちながら聞いていると、すぐに本腰をいれて語りだした。前のめりになっている。

地元は島根県です。本当に仕事がない。東京出身ですか？　地方は本当に終わっていますよ。地元の高校を卒業したけど、就職するならカニの加工か、農協か、飲食か介護しかないみたいな。本当に選択肢はそれだけ。同級生の7割くらいは高校卒業したら、地元を捨てて広島とか岡山に行っちゃいます。だから地元に残っている人たちはカニ加工して、適当な恋人を作ってエッチして、翌日またカニ加工して、給料がでたらたまに1円パチンコか5円スロットして、出来ちゃった結婚みたいな。そんな人生ですよ。親とか祖父母の世代からみんなそういう人生で、残っている人たちは、それになんの疑問もないかな。私、なんとなく、島根にいたくないなって思ったの。

パチンコしか楽しみがない、みたいな人は都市圏、地方にかかわらず存在する。しかし、彼女の語りにはとてつもない閉塞を感じた。みんな貧しさに慣れて閉塞のなかで生きるが、人生に希望を持ちたかった彼女は閉塞のなかで生きることを拒絶したということだろう。

この歌舞伎町のガールズバーは、身分証明書も住所もなくても、日払いで働くのがＯＫだという。ユズキちゃんは近くの漫画喫茶から出勤し、夕方からこのカウンターに立っている。時給１５００円、１日７５００円になる。日払いで雇用要件の緩いガールズバーは、お金がない貧困女子たちのセーフティネットになっていた。

本当にこの半年くらいメチャクチャ。どうにかしないと死んじゃいます。

島根県から上京したのは、２週間前。どうしてホームレス状態なのか。

地元でチェーン系のラーメン屋に就職したの。どんどん人が辞めて、全然採用ができなくて、社員の私が全部かぶった。最初の１カ月はせいぜい残業2時間くらいだったけど、最終的に1日18時間労働させられて精神疾患になっちゃった。現実逃避したくて、処方された睡眠導入剤をオーバードーズしたら完全におかしくなって、働けなくなった。入社して半年でそんな感じになっちゃった。オーバードーズしたのは、すごく苦しくて、たくさん飲んだら楽になるかなって軽い気持ち。飲んだところまでしか記憶になくて、お母さんがいうには、家で涎をダラダラたらして暴れて、慌てて車に乗せて病院に連れて行ったって。それで私、その車から飛び降りちゃったの。記憶ないけど、気づいたら全身が痛くて骨折していて、病院に入院してた。

選択肢が少ないなかで、自分で選んで就職したのは地元で有名なラーメンチェーンだった。新卒で正規雇用だった。偏差値40台だった出身高校にはカニ加工、介護、農協、ラーメン屋の求人がきていて、まずは農協の面接を受けた。農協は採用試験に落ちて、第二志望だったラーメン店に内定をもらった。

入社した頃はちゃんと人がいたので、シフト通りに1日8時間働けば帰れた。でも、店長がグチャグチャな人で、どんどん辞めちゃった。人がいなくなって新しい人が来なくて、それで最終的に18時間労働だよ。私が踏ん張らないと店の営業ができなかった。潰れちゃうと主婦のパートのお母さんとか路頭に迷うので、頑張って働いたの。結局、朝9時から深夜3時までみたいになって、一切休みなしで5カ月間くらい。

疲れているのに眠れなくなる不眠から異変ははじまった。

疲れすぎて自分がなにをしゃべっているかわからなくなった。接客はできるけど、ずっと接客しかしていない。人と普通のコミュニケーションをとらなくなって、現実感を失った。ランナーズハイじゃないけど、なにかラリっているみたいな。そのときはまだ未成年だったけど、お酒に逃げるみたいな状態になっちゃった。たぶんアルコール依存症に近い感じ。もう、最後のほうはお酒飲みながら仕事するみたいな。

新卒入社にもかかわらず、なんと雇用契約書を結んだ記憶はなく、労働時間にかかわらず手取り月23万円が振り込まれた。おそらく飲食店によくある労働時間無制限の固定残業制である。固定残業制をするためには労働基準法で36協定を結ぶことが定められている。

しかし、労使での協定どころか雇用契約も結んでいない。違法労働である。18歳にしては、給料はかなり多い。そしていつのまにか18時間労働が常態化し、彼女は5カ月で壊れてしまった。

ラーメン屋を辞めたのは半年前くらい。で、しばらく療養していました。働かないわけにいかないので、介護施設に入職した。でも、初日からワンオペで16時～翌朝10時までの夜勤やれっていわれて、さすがに無理ですって。そうしたら変な介護職のおじさんに、怒鳴られた。帰れって追い返された。だから、介護施設の勤務は実質45分くらい。もう、島根は本当にダメだと思いました。

最近、歌舞伎町のガールズバーは女の子の年齢に目を光らせている。店舗はどこも長期的に営業をしたいので、未成年を雇わないように注意を払う。一般的な店舗では写真つきの身分証明がないと働くことはできないが、この店は身分証明なしでも雇っている。現在、店内にはユズキちゃんと、もう1人。店外で客引きする女の子が2人いた。

「外にいる子たちは、どう考えても私より全然年下。完全に未成年だと思う。この店、メチャクチャだよ」と、彼女は笑っていた。

本当にどうしようって実家で悶々としているとき、友達から連絡があったの。中学からの古い友達が群馬にいて、20歳になったら東京にでるからシェアハウスしようって誘われた。東京だったら田舎より仕事あるし、それはいいって。正規職は無理でアルバイトでも、シェアハウスだったら家賃がそんなにかからないし、いい話だと思った。

2週間前、家族に挨拶して、東京にでてきた初日。その子から〝ごめん、昨日乳がんになっちゃって東京に行けなくなっちゃった〟ってラインがあった。その一言だけで着信拒否されて音信不通になった。途方に暮れた。

家を契約したのはその子だったし、飛んじゃった状態。お金も片道の交通費しかなくて帰れないし、どうしようって。その子が契約した家もどこにあるかわからないし。ラーメン屋で頭が狂ってからはほとんど働いていない状態で2万円しかなかった。シェアハウスの初期費用は友達に借りて、後から返すという約束だったの。片道の交通費で1万300

0円がかかるので、残っているのは7000円だけ。ラブホテルにも泊まることができない。その日から漫画喫茶で暮らすことになった。漫画喫茶は安いところでも一泊2000円はかかる。

東京に来て2日目。漫画喫茶で2泊して、食べ物は立食いソバと吉野家の豚丼だけでなるべくお金を使わないようにした。その日に残金は2000円を切った。東京はどこになにがあるのかわからない。呆然と歌舞伎町を歩いていたとき、このガールズバーの客引きの男にナンパされた。事情を話したら「じゃあ日払いで雇ってやるからカウンターに立っていろ」と言われた。

ユズキちゃんは元気だが、なんとか生存しているといった状態だった。

あなたのことは援助交際で育てたのよ

母子家庭だった。母親は美人で派手なタイプで「ママは保険の仕事をしているの」と言っていた。しかし、家にはスーツみたいな正装は一着もなく、保険の書類は見たことがない。家に帰ってこないのも日常で、ずっと母親がなにをやっているのかわからなかった。

島根をでる前日、ママに挨拶したの。しばらく東京で暮らすからって。そうしたらママは「あなたの部屋が空くのね」ってすごく喜んで、「今まで子どもだったから言わなかったけど、あなたのことは援助交際で育てたのよ。それと風俗、大変だったんだから」っていわれた。驚いたけど、ああ、やっぱりみたいな。ママはすぐ誰かに電話して、男の声が漏れてきて「子どもがいなくなるから、自宅にいつでも来ていいわ」みたいな電話していた。私の前で。だから帰れない。

まだ上京して2週間だが、母親は自宅に愛人を呼び、島根の実家ではすでに新しい生活がはじまっていた。

このガールズバーで働いて1日7500円になるけど、どんな節約しても漫画喫茶と食費で1日4000円はかかる。帰る場所はないからコツコツ1日3000円貯めて、なんとか東京で部屋を借りるしかないんです。事故物件って安いんですよね？　だから漫画喫茶で事故物件を探してるの。敷金礼金なしで月2万円くらいの家とかないかなぁ。

入店してから1時間半くらい経ったか。勢いよく自分語りをはじめたユズキちゃんの話は終わった。当面の生活費すら持たず、家がなく、実家にも戻れない彼女はかなり厳しい状態に置かれている。

この調子でガールズバーのお客に苦境を語ると、男性たちから様々な声がかかるはずだ。純粋に助けてくれるだろう人もいれば、性的虐待に遭遇する可能性もあり、それか風俗業者に囲われてしまうかもしれない。歌舞伎町なので一寸先は闇であり、非常に危ない状態だといえる。

カニ加工でも介護でも、母親や友達が近くにいる地元で暮らしていたほうが幸せではなかったか。

ガールズバーをでて、飛び降り自殺のあったビルに戻ってみた。数時間前に命を絶った女の子の血の痕は、まだ鮮明に残っていた。

女性が陥る官製貧困

神奈川県西部、海と緑があふれる小さな街にいる。

「夫のDVと浮気に悩み、生活費が足りなくて光熱費も払えない」と窮状を訴える河合みどりさん（仮名、35歳）と待ち合わせている。2カ月前、夫と暮らした東京の家をでて、子どもを連れて実家に戻っている。いまは両親を頼り実家で求職しながら暮らしている。最寄り駅前にいた河合さんは、年齢よりはるかに若くて美人だった。容姿は際立っている。

カラオケボックスに行くことになった。駅前の小さな商店街を歩きながら、私は河合さんと、どこかで会ったような気がしていた。横顔をしばらく眺めて思いだした。彼女は12年前、それなりに活躍していたAV女優だった。

今の旦那はお互い2度目です。お金遣いが荒くて、家にお金をいれない。光熱費も払えなくなったとき、旦那に『おまえ、キャバクラやれ』っていわれた。おまえが夜やって稼いでこいって。旦那は大工で、再婚したのは3年前。子どもは2歳です。ちょっとした出会い系サイトみたいなので知り合って、結婚した途端に暴力。ずっと暴力をふるわれています。すごくアピールされたので結婚しちゃいました。間違いました。

一般的に「美人は得」といわれている。決して間違ってはいないが、美人にはいい人も悪い人も寄ってくる。現実は得ばかりではない。美人の河合さんが光熱費も払えないほど転落しているように、美人だからこその不幸も都市部にはゴロゴロと転がっている。ＡＶ女優だったことは、本人が語るまで知らないふりをすることにして、話を聞いていく。

大工の夫は月給50万円を超えている。人手不足が追い風になって高給取りとなった。しかし、自分の買い物や遊びにすべて消費、中古のレクサスを乗りまわし、そもそも本人に家族を養うという気持ちがまったくなかった。家を出たこの2カ月、泣いて頼み込んで月3万円を振り込んでもらっている。現在は子どもと2人で実家暮らし、両親に毎日嫌味をいわれながら過ごしている。なんとか自立するため、仕事を探している最中だ。

今はその3万円と、パパ活でなんとか最低限暮らせるお金を得ています。ここは田舎なので車で街まで行っています。パパ活は毎日なにかしらしています。

現在、彼女は夫からの月3万円と、パパ活で最低限の生活ができる収入を得ている。まだ、離婚はしていないので母子手当はもらえない。

貧困が社会問題となった２０１７年あたりから、パパ活は一般女性たちの間で大流行する。大流行する理由は女性の貧困と男女の収入差である。ＳＮＳや出会い系サイトで自分より経済力のある年上男性を見つけ、交際の代償に金銭を享受する。無職の現在、彼女はパパ活を生業にしていた。

実は夜の仕事とかけっこうやっていて、でも子どもができてから、カラダを売るみたいなことはしないって決めた。だからお茶をしたり、一緒に食事をしたりしてお金をもらうみたいな。そんな感じでパパ活しています。出会い系で探してだんだん人数が増えて、いまは何十人か常連みたいな人がいるかな。ちょっと話して抱きついてくらいで終わりとか、会えただけでいいとか。

パパ活の相手は40代既婚男性が中心。本人は「癒やし」を提供している、と言っている。お茶か食事をして２時間くらい話をして５０００円～１万円程度をもらう。子どもを保育園に預けている間、１週間で数人の男性たちと会い、月10万円くらい稼いで生活費にあてている。

本当は昼間のちゃんとした仕事がしたいけど、パパ活しないとどうにもなりません。男性には年下の若い女の子と会う楽しみ、みたいなのがあるっぽい。キャバクラでお金だすよりいい、みたいな感覚と思う。年齢は本当は35歳だけど、出会い系では29歳って嘘ついています。シングルマザーって事情を話してお小遣いをもらって、ちょっと遠いところでも家まで送ってもらうとか。そんな感じで生活費くらいは稼げています。

現在、パパ活をしながら求人誌やハローワークに行って求職中だ。求人誌では非正規時給のアパレル販売員に目をつけ、ハローワークからは介護資格取得を勧められている。

説明を受けて介護の仕事はすごくいいと思いました。社会貢献にもなるし。

夜系の仕事の女性たちは、なぜか昼間の仕事に対しての憧れが強い。

ここではAV女優やパパ活、水商売や風俗などの仕事を〝夜系の仕事〟と呼ぶことにするが、夜系の女性たちはみんな隣の芝生は青く見えている。社会から認められる、規則正しい、安定しているみたいなことが憧れる理由だ。

彼女は介護の資格取得には前向きで、近いうちに介護初任者研修の申し込みをする。しかし、介護の人手不足の過酷な実態はまったく知らなかった。人手不足の産業は労働者に事実の情報を与えず、美辞麗句やポエムによって集めるので当事者は現実をまったく知らない。仕事が見つかったら実家をでてシングルマザーをするようだが、資格を取れば介護の仕事で自立ができると思い込んでいた。

介護の仕事に就くにしても、販売員にしても、おそらく非正規採用となる。その仕事だけで親子2人が生活できるお金は稼げない。おそらくパパ活や夜系の仕事は辞めることができないのではないか。

彼女の近い未来が簡単に想像つく。初任者研修の資格取得後、あまりの賃金の低さと、労働環境の悪さに絶望する。生活ができずに混乱して、すぐに夜系の仕事に戻る。夜の仕事とダブルワークして頑張るか、夜の専業になる。そして、また悩む。無限ループだ。一時的に助けてくれる両親はいるものの、近くに友達や仲間がいるわけではなく、夫も相当にいい加減な人間で、彼女は社会的に孤立しつつある。いずれ関係性の貧困にも陥り、様々な制度のことを知る機会も失う。

時間をかけて介護の資格を取得しても、挫折して辞める。介護職資格取得は補助金がでるので税金を使っている。資格業者が儲かるだけでまったくの無駄なお金となる。現在は介護や保育だけでなく、地方自治体の臨時職員など、国や行政が主導する主に女性をターゲットにした官製貧困が深刻化しているが、普通に生活できるだけの賃金を与えない限り、この負の連鎖は延々と継続する。

話を聞いていると、もはや彼女は福祉が介入したほうがいい状態に見えた。

河合さんだけでなく、夜系の女性たちは一度足を踏み入れてしまうと、結婚や恋愛、仕事はなかなか安定しない。美人であるがゆえに悪い男たちや業者が群がり、楽に稼げる選択肢が常に敷かれ、逆に商品として扱われるので社会人として有益な情報は遮断される。夜系の仕事は人に言えないので友達も減る。そして、一般社会になかなか戻ることができなくなる。

年齢や容姿が重要視される夜系の仕事は、年齢が若いほど価値が高く、だんだんと下がっていくのでどれだけやってもキャリアは見えない。常に不安がつきまとう。金銭感覚だけでなく、環境や情報も含めて感覚が狂ってしまうと、元に戻るのは至難の業なのだ。

そうそう、実は昔、ＡＶ女優だったんですよ。20代前半の頃かな。

しばらくして、やっぱりそう言いだした。単体女優の一つ下のランクである企画単体女優として活躍していた。自分から言いだしたので、その後の話を聞くことにする。

地方出身の若い美人女性がターゲット

彼女は地元に友達もなく、仕事もないので21歳のときに上京している。非正規のアパレル店員をしながらギリギリの生活を送っていた。12年前、23歳の頃、最大手AVプロダクションに所属。そこで約1年半、60本以上に出演した。AV女優になったキッカケは〝撮影会モデル募集〟の求人広告だった。

「プロダクションで説明を聞いて、最初は撮影会って。それで、撮影会モデルの仕事をする。そうすると、あとから電話がきて撮影に行ったら違った。イメージビデオをやってみないって言われて、脱がされて男優と絡みになった。最初は単においしい仕事と思って足を踏み入れて、気づいたら裸になっていたみたいな。たぶん、私だけじゃなくてみんなキッカケはそんな感じだよ。

ここ数年、問題になっているＡＶ強要の手口だ。撮影会モデルなど華やかに聞こえる職種で募集し、やって来たタレント志望の女性を裸仕事に誘導する。実は、もうずっと昔から繰り返されてきた現実だ。裸になった最初の撮影のとき、「誓約書」という書類にサインを求められて身分証明書を提出している。

ＡＶ業界や風俗業界は、地方出身の若い女性が金銭的に苦しく、近くに同居する家族がなく、東京に友達も少ないので、裸の仕事に頷きやすいことを熟知している。地方出身の若い美人女性に標準をあわせて、様々な誘導、辞めさせない手口が作りあげられている。

だんだん激しい内容になるんです。すごいハードな性行為。マネジャーに励まされながらキツイ撮影を繰り返して、辞めたいってときも何度もあった。勇気をだして「もう辞めたい」と事務所に伝えると、しばらくして偉い人から連絡がくる。なんていうのかな、脅し。君、誓約書も書いているし、実家の住所もわかっているみたいな。それで続けますってなっちゃう。

これは「契約書管理」「誓約書管理」と呼ばれたマネジメントで、法律知識に乏しい女性相手に契約を持ちだして引き留める。地方出身の女性は相談ができる友達もいないことが多く、法律知識はほとんどないので、よく契約書管理は使われていた。プロダクションは弁護士や司法書士がでてきたらすぐに引くが、こういわれただけでほとんどの女性は思いとどまっていた。実際に辞めた女の子にお金を請求して支払わせる見せしめみたいなことも行われ、契約書管理、誓約書管理は有効な手段として長年使われていた。

実際には撮影現場に本番する女性を斡旋することは法律的には違法だ。違法なので効力はなく、どんなトラブルになってもプロダクション側から訴訟みたいなことにはならない。

AV女優は性行為を撮影される仕事だが、ファンができる、撮影現場では主役である、チヤホヤされるなど、芸能人のような一面もある。河合さんにはどんどんと仕事がはいった。望まない流れに不安を覚えながら、人には真似できない華やかな仕事をしていると、前向きな気持ちを持って続けた。そして、激しい性行為をさせられ、また落ち込む。そんな不安定な気分を繰り返した。

そんな浮き沈みを繰り返しているうち、精神疾患になってしまった。

最終的には本格的に病んじゃいました。リスカして自殺未遂みたいな。何度も何度も。

実は、当時の彼女の状況を知っている。両腕がリストカットの痕だらけで、女優としては厳しい状態だった。

ある雑誌系の知り合いは彼女から「事務所から脅されている」みたいな相談をされていた。AV業界にはプロダクションの女性の発掘、管理の邪魔をしない、ギャラのことなどの情報を与えてはいけないという決まりがあり、暴力のある世界なので、女優が関係者に相談してもどうにもならない。情報遮断の徹底を求められるので、誰に相談しても聞き流されて終わりである。

病んじゃったので、使えないって。ようやく事務所から辞めることがOKになった。けど、最後にハードな作品に送り込まれた。骨折したんじゃないかってくらい痛くて。今でも鮮明に覚えています。もう、痛くて情けなくて、狂いそうでした。本当におかしくなっちゃいました。

軽い気持ちで撮影会モデルに応募から1年半。24歳のときにボロボロになって、ようやくAV女優を引退した。精神状態が悪くなって恋人とも別れている。精神的に頼る人がいないことも、健康状態の悪化に拍車をかけた。

AVやっているときに昔患ったうつ病が再発して、摂食障害にもなった。引退してからは、特にひどかった。それで知り合ってすぐの男の人と勢いで結婚したけど、すぐダメになった。理由は私が病んでいるからウンザリして逃げられた。それで止まらない過食でブクブク太って、普通の仕事はできないし、風俗店に面接に行っても何軒も断られる。それで突然悲しいことを思いだして泣いたり、絶望して自殺未遂したり。メチャクチャでした。

どうにもならなくなって、東京での生活を諦めて実家に戻った。両親は東京でメチャクチャな状態になった娘を眺めて驚き、あきれた。家族とも距離ができるようになった。親にはAV女優をしたことで精神がおかしくなったことは話せなかった。

うつ病と摂食障害は、実家に戻っても治ることがなかった。過食のときはハンバーガー20個、ケーキ2斤など、実家の両親は年金暮らしなので、お金はない。生活費、食費は自分でなんとかしないと生きていけない。

ひたすら溜息のでるAV女優のその後

働けないので数百万円あった貯金は、すぐに尽きた。過食で体重は48キロから73キロまで増え、最低賃金のアルバイトも水商売も、いくつも面接に行ったが全部断られた。膨大な食費が圧迫した。

生活費を稼ぐために、最終的には誰でも採用する格安風俗嬢になった。そして、出会い系サイトを使って個人売春をするようになった。太っていると高くは売れない、安く買い叩かれる、相手にも露骨に嫌な顔をされる。一つ一つが精神を蝕んでいった。

引退から9年間は、そんな生活でした。太ったら安い風俗に行って、体型が痩せたらデリヘルとかキャバクラとか。だから引退してから夜しかやっていません。精神的にも超不安定でメチャクチャでした。今の旦那はキャバクラの客です。気に入られて指名されてプロポーズされた、みたいな。なんとなく、いいかなって思っちゃった。

再婚した3年前、結婚をキッカケに人生をリセットしようと夜の仕事は辞めている。引退から結婚までの9年間で、もっとも長かったのは風俗嬢だった。現在より30キロ太っているとき、ある風俗経営者に出会い「稼ぐためにとにかく痩せろ。君なら痩せたら稼ぎまくれる」と励まされた。それから常にカロリーを気にして、なんとか体型を元に戻せた。痩せて現在の姿になってからは、わりと楽に稼ぐことができている。

痩せて精神的にも立ち直った感じ。痩せてからはその風俗店のホームページとか看板とか、ガンガン使われたけど、やっぱり心救われたからいいやって。でも今度は今の旦那が遊びまくる、お金を入れない、暴力をふるうで、痩せて精神状態はよくなったのにまた病んじゃっています。

夫は妊娠しているときもお腹を蹴ったり、なにかというと暴力をふるった。今、月3万円振り込まれているのは、これまでにない異例の状態で、いつ途切れるかわからない。夫は住民税未払い、年金保険料未払い、レクサスのローンなど借金まみれで、離婚しても慰謝料はもらえないという。

美貌がまぶしい河合さんの口から、ひたすら溜息のでるAV女優のその後が語られた。どうして彼女は転落の一途をたどるのか。そして、どうして自立して安定した普通の暮らしができないのか。おそらく本人もわからないことだが、いろいろ考えながら質問を続けた。最後、子どもの頃にイジメられていた経験を語りだした。

小学校の頃からずっとイジメられていました。画鋲で刺されたり、階段から突き落とされたり。危ないことをされるし、陰湿です。あとは絶対的な無視。だから小学校、中学校はほとんど誰とも会話をしていません。中学2年からは不登校でした。嫌な思い出です。

不登校なので成績は1、2の評定しかでない。県内の誰でも入れる最低偏差値の私立女子高校に進学した。

高校は中学ほどひどくはなかったけど、中学のイジメっ子の1人がいて。相変わらずでした。死にたくなりました。一度、学校でカッターで手首の動脈を切ったことがあって血まみれで大騒ぎになった。そのとき、1カ月間くらい病院に入院になって、そのまま高校は辞めちゃいました。

高校中退してアパレルの販売員になった。最低賃金に近い時給だったが、実家に暮らしていたので貧しいという感覚はなかった。そして、ずっとイジメられ続けた河合さんを救ったのが男だった。

男の人は優しくしてくれるし、男性依存みたいになりました。ナンパされた男と付き合った。軽い感じで。そうしたら私のほうが本気で好きになって、電話したら奥さんがでて騒ぎになって、フラれた。そのときのショックはすごく大きくて、真剣に自殺未遂しました。カラダのいろんなところを切って血まみれになって、警察と病院の先生に怒られました。

それからも男運に恵まれることはなく、既婚や暴力癖、マザコン、恋人になる男はなにかしら問題があった。

21歳のときにとにかく容姿にうるさい男と付き合った。毎日、なにか文句を言われる。口答えしたら殴られる。その男を見返したくて、東京に行くことを決めて、撮影会モデルに応募したんです。それがAVの事務所とは知らずに。モデルみたいな華やかな感じに憧れがあったし、もしかしたら自分でもできるかもって思ったから。

そして、誘導されて望まないAV女優になってしまった。徹底的なイジメからはじまり、複数回の自殺未遂、AV女優。精神疾患に苦しみながらずっと夜系の仕事を続けて、現在はパパ活で稼ぎながらギリギリの生活を送っている。これから「介護を頑張る」というが、賃金が安い上に、情報がなにもない彼女では続くはずがない。未来はまったく見えなかった。

仮に彼女が美貌を持っていなかったらどうだろうか。AV女優に誘導されることはなかっただろうし、精神的にひどく病むこともなかった。そして、夜系の仕事に手を染めなかった可能性が高い。東京は換金ができる美人にとって、本当に危険な場所だ。悪い人物が寄ってきて、あらゆる言葉を浴びて裸の世界に誘導されてしまう。「美人は得」と一般的にいわれるが、実は一寸先は闇なのだ。

生活保護者専門の奇妙な木造アパート

もう1人、都内の住宅街で一人暮らしする東北出身の平野美子さん（仮名、当時66歳）のことも書いておこう。東北出身のバツイチ女性で、機能不全家庭で夫とは離婚。3人の子どもは独立して疎遠である。家族の交流は一切ない。

美子さんは化粧はしていたが、頬や顎、腕の肉が垂れ、全身に年輪のように皺が刻まれている。洋服はラフで、何度も洗濯してゴムが伸びたシャツを着ている。

駅から歩いて5分ほどのアパートに一人暮らし。駅からしばらく歩くと、白い老朽した木造アパートがあった。一番手前の角部屋、101号室が居住する部屋だった。

「このアパートは外国人と生活保護受給者ばかりですよ。1Kに4人家族で暮らす外国人もいますよ」

奇妙なアパートだった。「D✗EAM✗✗✗」と英字のアパート名だが、文字が剥がれているので読めない。よく眺めると老朽化が進み、アパート名を筆頭にあらゆるところがボロボロだった。

古びた玄関の扉を開けると、4畳半程度のおかしな形をした狭い部屋があった。部屋が四角くない。よく眺めると、建物が建つ土地が台形で、建物はピラミッドのような形状をしている。一番先端のもっとも狭い部屋が101号室で、美子さんが暮らす部屋は奇妙な形だった。

壁が斜めで、いくつかの家具はまばらに置かれている。部屋の中央にかろうじて布団を敷く程度のスペースがあり、整理整頓はされているにもかかわらず、足の踏み場がないほどの狭さだ。さらに電気は部屋の中央にぶら下がるタングステンの電球一灯で、おそろしく暗い。部屋に入ると、白いファンデーションを乱暴に塗った美子さんの不気味な顔が、目の前で浮かぶ。まるで、うさぎの小屋だと思った。

平成25年厚生労働省は、65歳以上の女性一人暮らし世帯の貧困率は44・6％と半数近くに達したことを発表している。台形のおかしな形の老朽した部屋で暮らす美子さんは、明らかに貧困層に属する生活環境だった。

家賃は48000円、狭い。貧乏だけど、なんとか生活はできますよ。夜は電球を点けないでテレビを観るし。暑いときは窓を全開にしてエアコン切っているし。食生活も大丈夫です。お金が入れば、まず米5キロを買う。5キロあれば1カ月半から2カ月はもつから。おかずはもやしとか安いじゃないですか、20円とか。もやしを買って肉とか魚はあまり食べないから、なんとかなりますよ。

自宅でくつろいでいるからか、美子さんは流暢にしゃべる。

ただ、ちょっと前に足を骨折して、半年間くらい部屋に閉じこもり切りだったんですよ。この部屋のここ（布団を敷く中央部分）にずっと座ったまま、半年間もなにもしなかったから十何キロか太った。全然歩かないし、食べては寝、食べては寝って生活をずっとしたので。足は治ったけど、カラダが重くて動けなくなった。だから、ダイエットした。ずっと卵だけを食べ続けて、炭水化物を抜いたらやっとカラダが元に戻って普通に歩けるようになりましたよ。

部屋は美子さんが真ん中に座ると、私が座れるスペースはない。立ちながら話を聞くことにした。Tシャツ姿、左手首と左腕に刺し傷のようなリストカット痕を見つけてしまった。

ああ、これね。死のうとして切ったの。血がたくさんでるだけで全然死ねなかった。

タングステンの電球が一つしかない部屋に、低い声が不気味に響く。

離婚して、50歳のときに1人で東京に来たんですよ。地元は仙台で、元旦那と3人の子供は仙台に置いてきた。私だけ逃げてきたというか。東京に来てからずっとこの部屋に住んでいます。仕事はホテルでベッドメイキングをしていたの。ずっと貧乏だったけど、最低限の暮らしもできなくなったのは東北の震災から。そのホテルは外人がメインのお客さんだったけど、突然旅行客がホテルに来なくなった。それでベッドメイクを解雇になった。

ベッドメイクの仕事は時給1000円。朝9時半~15時まで、月給は10万円ほどだった。

私、その後に仕事を一生懸命探した。毎日、毎日探した。でも、どんなホテルに応募しても、何度ハローワークに行っても、福島の被災者が優先みたいなことを言われて断られてばかり。年齢的にも60歳過ぎて厳しくて、本当に仕事が全然見つからなかった。

家族から逃げて東京で暮らしてから年収120万円程度の質素な生活をしていた。東日本大震災が起こり、解雇。最低限の暮らしもできなくなった。

クビになったのは、震災から1カ月後くらい。2011年4月ですね。それからいくら探しても仕事は見つからなくて、クビになって半年くらいでお金が完全になくなった。仕事探すのにも面接に行くのに電車賃がかかるじゃないですか。頑張って毎日、毎日仕事を探したけど、最終的には電車賃もなくなった。

通帳の残高が底をついた。所持金は数枚の10円玉だけ。部屋に閉じこもって、何日間か飲まず食わず、じっとしながら、これからどうやって生きればいいのか考えた。なにも浮かばなかった。このまま飢え死にすると思った。

近隣のコンビニにモモコという高収入雑誌があった。必死に眺めると〝AV女優、セクシーモデル〟という求人があった。年齢は〝18歳～70歳迄〟と書いてある。飛びついた。

10円玉があったから公衆電話から電話したんです。女の人がでて、私〝62歳です。62歳です〟って大きな声でいって、すぐに面接に行った。女性のマネジャーさんに事情を話したら1万円を貸してくれました。本当に助かりました。それで採用してくれてAV女優になった。裸になるのが恥ずかしいとか、そういうのはなにもなかったです。捨てるものとか、なにもないですし、元旦那とは絶縁状態だし。とにかく貯金がなくなって、焦って、お金がほしかった。70歳までOKとか書いてあって、仕事があったって。もしかしたらできるかも、お金になるかもと思って。あのときは、ただただよかったってだけ。

貧困の指標である相対的貧困ではなく、餓死の危険もある日本にはないといわれた絶対的貧困の生々しい告白だった。美子さんは求人誌にでていたプロダクションに事情を話したことで、たまたま助かっている。

超熟女AV女優、自殺未遂、留置所

出演したのは超熟AV女優というジャンルで需要は少ない。ギャラも安く、裸を換金してもすぐに依頼はなくなる。

半年間くらい普通に暮らせました。それでしばらくして、だんだんと撮影の仕事がなくなって、家賃も払えなくなって、もう一度ベッドメイクの仕事を探しました。でも、また断られてばかりで食べ物にも困るような状態になりました。

ベッドメイクの仕事をしたくても、どこのホテルに電話しても年齢だけで断られる。もやしを食べるばかりの最低限の暮らしも維持できなくなり、再び100円もなくなった。

2年半くらい前かな。100円もなくなっちゃって、何日間かは飲まず食わず、お米もなくなって、この部屋に閉じこもって動かないで我慢した。動かなくてもお腹がすくわけで、1週間くらいでどうにもならなくて、死のうかなって頭に浮かんだ。本当に死のうと思って、包丁で手首を切ったんですよ。切ったのは、あそこの玄関のあたり。けど、血がだらだらでるだけで、全然死ななくて。部屋にちょうどロフトがあるので、紐でくって首を吊ろうと思った。ヒモみたいなのを見つけて首輪を作ったけど、ここで首つり自殺しちゃうと大家さんとか、同じアパートの人に迷惑かかるなって。

アパート内で首を吊るのはやめて、迷惑のかからない場所はどこだろうと考えた。

包丁を持ってそこの公園に行ったんです。歩いて2、3分のところに小さな児童公園があるんですよ。お昼だったけど、誰もいなかったし、ここだったら大丈夫かなと思って、首を刺して死のうとしたけど、どうしても包丁を自分のカラダに刺す勇気がなくて無理だった。

部屋は天井が高く、ロフトがある。部屋に灯りは電球が1個で薄暗い。死相のようなものを感じる美子さんがこの部屋で首を吊り、ロフトからぶら下がっている姿は簡単に想像ができた。寒気がした。

60歳過ぎてから、友達もどんどん自殺しているの。みんな死んじゃったから、私も死のうかなって。だから死ぬのが怖いってわけじゃなくて、自分を包丁で刺すのができなかっただけ。だって仕事もお金もなくて、ずっと空腹でしょ。そんなんで生きていてもしょうがないし、生きていく術もないし。今、死ねるなら死にたいもの。だけど、死ねないの。

美子さんは、チャブ台の下にあるビニール袋から手帳を取りだした。かなりの分量の自筆の文字が書いてある手帳をペラペラとめくり、「これ友達、みんな死んじゃった」とあるページを見せてくれた。

佳代　　首つり（宇都宮、私のせい）
早坂　　電車に飛び込み（一ノ関）
郁ちゃん　ガス（東京）
まゆみ　　心中
隆　　　海へ飛び込み

絵美　　焼身自殺（灯油、私のせい）
文ちゃん　首つり
利　　　オーバードーズ（安定剤）
トッチ　　マンションから飛び降り（忘れたくても、忘れられないこと）

電球の灯りにゾッとする文字が浮かぶ。東北の地元の友達や、東京でできた知り合いが60歳を超えて、続々と自殺しているようだった。あまりにも多すぎた。

みんな60歳過ぎて、生きていけないから自殺しちゃった。苦しんでいるのは、私だけじゃないの。でも、私はみんなみたいに死ねなくて、ダメだと思った。どこまでもダメな人間だって。死ぬには首を斬るのが一番でしょ。何度も何度も首を斬ろうとしたけど、どうしてもだめで、そのまま包丁をもったまま駅前の交番に行った。交番でおまわりさんに死ねなかった事情を話して、包丁をだしたんです。そしたら刃渡りを測って、銃刀法違反で現行犯逮捕って。その場で手錠されて、逮捕された。なんか大騒ぎになって、パトカーで警察署の留置場に連れて行かれた。

腰縄をつけられて、10日間拘留。毎日、刑事と検事の取り調べがあった。美子さんは何度も訊かれる「どうして?」という質問に、飲まず食わずで自殺をしようとした、とそのまま同じことを話している。

検事さんに〝あなた来るところ間違っているよ〟って言われました。警察じゃなくて、福祉でしょうって。それで留置場から霞が関の裁判所に行ったら、検事さんは〝事情が事情だから〟って不起訴にしてくれた。書いてくれた保護カードを持って〝福祉事務所に行きなさい〟って。裁判所で釈放されて、そのまま福祉事務所に行きました。保護カードを見せたらケースワーカーの人が事情をきいてくれた。それで、すぐにお金がでました。生活保護です。本当に助かりました。そのとき精神的にもおかしくなっていて、福祉事務所は病院も紹介してくれた。留置場では、全然眠れなかったし。今も通院して、睡眠薬と安定剤をもらっています。だから死ななかったときから、ずっと生活保護ですよ。

時給1000円のパート仕事を解雇になって超熟AV女優、自殺未遂、留置場と遠まわりをして、ようやく福祉にたどり着いている。美子さんは検事から「生活保護」と聞くまで、その制度を知らなかった。

経済的貧困、関係性の貧困、情報の貧困のすべてが重なって、絶対的貧困まで追いつめられた最悪のケースである。生活保護制度の捕捉率は2割を切っている。彼女や自殺した友達のようなケースがゴロゴロと埋もれていることになる。

20歳、35歳、66歳と3人の地方出身で上京した女性のケースを伝えたが、豊かさを求めて地方から東京にきても、住む家を確保できない、悪い女衒業者に騙される、脅される。中年を超えると最低限の暮らしを確保できる仕事がない。そして東京に人間関係がないので誰も助けてくれる人がいない、と厳しいことばかりだった。

地方の貧困女子は地元に残っても選択肢がなくて地獄、都市圏に逃げても生涯地獄という可能性が拭えないのだ。

お金がかからない死に方したいかな。
親に迷惑かけないで死にたいかな。

ちょんの間だけど、一応ベッドがあってそこで休めるし。一番大変なのが通勤で、仕事より行き帰りに体力を使う。だから金曜日に出勤して2泊くらいして、残りを自宅で過ごしています。カラダがキツイからお客がついても、他の人に回してとか。お金は全然ないです。抗がん剤の副作用と利尿剤で栄養分をとられるんで、カラダには負担になる。お店の人も知っているので無理はしないように気を使ってもらっています。

——沖縄県、琉球大学中退。32歳。

第4章
沖縄、最貧困の果てに
中学生からキャバとか風俗で働く子はたくさん。それが普通

中学校のクラスヒエラルキー

2016年5月、格安航空のチケットを買って沖縄に飛んだ。那覇空港に隣接するゆいレールに乗って美栄橋駅で降りる。美栄橋駅は那覇の中心である。観光客であふれる国際通りの反対側、国道58号線方向に数分歩くと、沖縄県最大の歓楽街松山地区が見えてくる。16時、出勤前の23歳キャバクラ嬢と会うことになっている。

「子どもは4歳の娘、虐待をやめられない。普通に殴ったり、蹴ったりしちゃう」

里見千穂さん（23歳、仮名）は、顔をあわせた瞬間に深刻なことを語りだした。精神的に追いつめられているようだった。夜系仕事の女性は、日々男性相手に接客しているが、悩みや思いを伝える相手がなかなかいない。会ってすぐに核心に迫った言葉を語りだすことは多い。

まずいと思うけど、どうにもならない。やめられないです。放置して遊びに行くのは日常だし、ヒドイときは髪の毛引っ張って、引きずり回してひっぱたくとか。子どもは、ギャーって泣くよね。でもね、どうしてもかわいそうに見えないの。虐待しちゃうときは、

〝こいつがいるから、どうしてこいつのために、私が……〟って思考回路になっているからさ。

顔色一つ変えずに娘に対する虐待を語りだす。彼女は那覇市内で4歳の娘と暮らすシングルマザーだ。学歴は高校中退、18歳で出来ちゃった結婚して3年前に無職で収入のない旦那と離婚している。

沖縄県那覇市松山は、沖縄県最大の歓楽街だ。300メートル四方の一角にキャバクラや風俗店が密集する。松山の繁華街に足を踏み入れると、路上から男性キャッチが続々と湧いてくるように現れ、ひっきりなしに声をかけられる。沖縄の夜は長い、連日朝方までネオンが消えることはない。

データで眺める沖縄県の経済（2016年5月の取材時）は、本当に厳しい。県民の平均年収は339・4万円（平成25年賃金構造基本統計調査）、平均月収は23・75万円（勤続9年、平均40・5歳）で、全国最下位であり、第1位の東京都580万円と比べると57％強の収入しかない。戦後復興や高度経済成長から切り離され、基地や公共事業への依存から抜けだせないことが理由といわれている。

全国最下位なのは、年収だけではない。県内の非正規雇用者は44・5％（沖縄県庁ホームページ）、離職率は極めて高く、大卒3年以内の離職率は49％、高卒3年以内になると57・4％と、雇用は崩壊状態だ。さらに最低賃金は693円と全国最低の一方で、公務員の平均月収は40万7000円と高く、公民の深刻な格差も抱えている。

沖縄の子どもたちは公務員に憧れ、公務員になることを夢見る。

シングルマザーも多い。離婚率は人口1000人に対して2・59組が離婚（2013年）と断トツの全国1位で、児童の半数以上がシングル家庭という小学校も存在する。データで眺める沖縄には想像を超える貧困が蔓延している。

里見さんは、沖縄最大の繁華街である松山について語りだした。どこの街でも貧困と繁華街は、密接なつながりがある。子どもを市内で暮らす母親に預けて東京や大阪に遊びに行くことがよくあり、都市圏の繁華街の知識もあった。

「松山には離島も含めた沖縄県全体から、学歴が低かったり、シングルマザーだったり、経済的に困る女性が集まっている。いろんな風俗がある東京とは、事情が全然違う。風営法を無視しても警察は放置なので、朝まで普通に営業している。客引きの規制はないし、店は未成年とか平気で雇用する。違法だらけ。松山のキャバクラや性風俗で働くのは、女も男も中卒とか高校中退が多い。高校中退率が高いから、沖縄県は中卒だらけ。高校を辞める理由は妊娠とか、バイトとか、遊んでいるほうが楽しいとかいろいろ。低学歴の人間は、夜以外だったら最低賃金のコンビニか居酒屋、ステーキ店、コールセンターくらいしか仕事はないかな。

キャバクラ嬢である里見さんの収入を見てみよう。4歳の子どもを自宅近くにある実家に預けて21時に出勤し、朝方3時、4時まで働く。時給は2300円。3000～4000円の東京と比べると、格段に安い。1日の賃金は2300円×5時間＝1万1500円となる。日払いで支払われるこの金額が丸々収入になるわけではない。出勤ごとに必要なヘアメーク代2000円、タクシー代往復2000円を引くと、7500円しか残らない。フル出勤といわれる週5回働いても、実質的な賃金は16万～17万円程度にしかならない。

私、いわゆるヤンキーだったけど、今になって本当にその経歴がキツイ。キャバクラと性風俗は中卒ばかりで、ほとんどシングルマザー。週5日とか働いても16万～17万円くらいしか残らない、シングルだったらギリギリの生活だよ。最低賃金のコンビニだったら、フルで働いても10万〜11万円くらいだから、普通の仕事では生きていけないわけ。私は母親とか祖母に子どもを預けられるからマシだけど、家族がいないシングルは本当にキツイ。よく生きていると思うよ。

沖縄県は琉球大学出身の公務員を頂点とする厳然とした学歴社会である。学歴がない者たちの月収は全国最下位で平均賃金には遠く及ばず、月手取り10万〜11万円ほど。覚悟を決めて夜の仕事に飛び込んでも10万円台後半が平均となる。有効求人倍率は非正規やパートを含めて1倍を割る0・9と雇用が極端に少なく、那覇市周辺の物価や家賃は内地とさほど変わらない。公務員、大企業のサラリーマン、公共事業に絡んだビジネスで起業に成功した一部の者以外、普通に働いても普通の生活ができないという状態なのだ。

そもそも19歳で結婚とか、10代で出産したのが間違いだった。みんなが16歳とかで当たり前に出産しているから、それが普通なことになっちゃっている。失敗して取り返しのつかない状態になってから、その重大な失敗に気づく。みんな、そんな感じ。

そう嘆くように、沖縄は〝結婚前に妊娠、第1子を生んだ女性割合〟が25・3％（厚生労働省調べ）と「出来ちゃった婚」の比率は高い。さらにその8割以上が10代である。女性と子どもの貧困の原因となる若年出産と高い離婚率は、そもそも県全体に深く根づくヤンキー文化が原因だ。里見さんも非行少女だった。3年前の成人式で中学校時代の地元の仲間たちは、派手な改造車で会場に駆けつけて大騒ぎし、テレビカメラに囲まれて報道されている。

沖縄はヤンキーだらけ。最初からバカは少なくて、中学生になって徐々に狂う。家庭と中学校、それと周囲の環境だよね。ヤンキーグループに入ると、だんだんと環境が悪くなって昼夜逆転して普通の中学生じゃなくなる。それと、ヤンキーの子たちは貧困家庭が多い。親がキャバ嬢とか風俗嬢で、夜に家にいなくて監視がないみたいな。友達にシングルの風俗嬢は何人もいるし、友達の親が覚醒剤で逮捕されるとか、家賃滞納で一家がホームレスになるとか、中学生からキャバとか風俗で働く子はたくさんいたよ。沖縄では普通のこと。

長年、県全体に雇用がない中で、格差と貧困が蔓延、貧困家庭の生活環境は荒れている。観光以外の大きな産業がないので、負の連鎖が起こる。大人の社会は権力に偏った学歴社会、階級社会で、子どもの世界は親が貧困層の子どもたちによる暴力に支配されている。

小学校では横一線だったクラスヒエラルキーは、中学生になると変化する。ヤンキー（非行少年少女）→スポーツマン→親が公務員の優等生→普通の子→内向的な子と、カーストが形成され、派手な髪型・スタイルで暴力を背景に持つヤンキーが、子どもの世界の権力を握る。

成人式とか毎年報道されているでしょ。沖縄の子たちは、中学生からあんな感じ。ヤンキーはモテるし、私もそういう人しか相手にしなかった。なぜかというと、学校のヒエラルキーのトップなの。学校とか地元で偉そうにしているし、子どもの中では圧倒的な権力がある。中学校で先生を殴るとか、普通。先生に注意されたから蹴ったり、殴ったりとか。本当にバカだよね。大人になってから、その世間知らず、常識知らずを後悔する。

相手はヤクザでラッキーくらいに思ってた

地元高校に進学したが、中学時代のヤンキー友達はほとんど進学しなかった。地元の仲間は未成年を雇用するキャバクラや水商売、男は建築業、とび職などの仕事に就く。そして、高校に進学しない者たちは夜通し遊ぶのが日常となる。

私は、彼氏のDVで高校辞めた。彼氏は無職のヤンキーで、学校に行っていることを責められて、日常的に暴力をふるわれた。ちょっと機嫌損ねると、パンチが飛んでくる。沖縄のヤンキー男は暴力を使って偉そうにするから、いつまでも俺様みたいな性格。恋人か配偶者に対して虐待は普通なの。たぶん、普通の人のほうが少ない。特に貧困でネグレクト家庭に育った男は、DV体質になりやすくて、それが女性にも影響する。だから、離婚が多いでしょ。会社も同じ、公共事業頼りの元々ヤンキーの中小企業の社長が部下とか後輩を虐待するから仕事が続かない。それが離職率高い理由。本当の負の連鎖、どうしようもない。

高校は1年で中退、17歳で松山のキャバクラに勤めた。未成年を雇用する店はすぐに中卒、高校中退のヤンキーグループに情報が伝わる。友達の紹介で面接して、その日から髪の毛を飾って出勤した。

虐待をやめられない今も苦しいけど、本当に貧困で苦しんだのは18歳で結婚した後。妊娠中が特に悲惨だったよ。

17歳でキャバクラ嬢になった里見さんは、18歳で妊娠。相手は地元の暴力団員で出来ちゃった婚をした。

結婚は本当に失敗。ヤンキーばかりの環境だから、暴力に対するハードルが低いの。だからヤクザも身近。そうじゃないと、貧乏ヤクザと結婚しないよ。学歴がない人間は、狭い地元のコミュニティーがすべてになるし、ヤクザはヒエラルキーのトップ。だから、当時は相手がヤクザでラッキーくらいに思っていた。18歳だと女の先輩に呼びだされるとかあって、暴力をふるわれる。でもね、ヤクザと結婚した瞬間、面倒くさいことが一切なくなる。平和になる。狭い世界で自由を手に入れられる代償として、社会的な信用を失ったわけ。18歳じゃ社会のことなんてなにもわからないからさ。

出来ちゃった婚して、夫婦の住まいとして実家近くにある祖母の持ち家を無償で借りた。家賃がかからない恵まれた環境だったが、結婚後すぐに暗雲が立ちこめた。

本当は普通の家庭を築きたかった。だから、妊娠してからキャバクラは辞めた。でも旦那がまったく稼げなかった。暴力しか能力がない。時代に逆行して、暴力的なのは今は本当に需要がないみたい。今のヤクザは頭を使えないとカネ稼げないから、上納金も払えないみたいな。なんとかしてほしいって旦那を支えたけど、最後の最後まで全然ダメだった。

稼げない暴力団員と店を辞めた元キャバ嬢の2人は無職になった。祖父と祖母からもらう1000円、2000円のお小遣いしか収入がなかった。光熱費は払えない、最終的には自宅のライフラインがすべて止まった。

無収入が半年くらい続いて、最後は水も止まった。貧乏はキツイ、頭おかしくなるよ。ライフラインが全部止まると、生きている感覚がなくなる。意気消沈する。水が止まるとお風呂とかトイレとか、本当に根本から生活に困るの。最初は近くの公園から水をくんでくるわけ。でも、だんだん気力がなくなる。電気が2カ月、水道は4カ月で止まった。マジで、払えなかった。そういう状態だと2000円があったら、光熱費払うより、食べ物買う。極限だよね。そうなると、旦那のダメさに腹立つのではなくて、ツライ思いをしているからもっと一緒にいようみたいな感覚になる。正常な判断ができなくなった。

近隣に家族がいたので飢餓状態は免れたが、水がでない家で無収入の生活を続けながら出産した。長女が生まれた。本当に「かわいいな」と思った。

子どもを生んだ瞬間に現実が見えた。生んだ後、夫が事件を起こして裁判があったの。私は反社会勢力の人と婚姻関係にあるから、自分も同じに見られるってことに気づいた。最悪と思った。狭いコミュニティーのヒエラルキーより、社会的な排除のほうが大きい。19歳のとき、そんな当たり前のことに気づいた。心からまずいと思った。そこで初めて夫と離婚しなきゃって思ったよ。

離婚した。無収入の夫は離婚を納得して自分の実家に戻り、出産1カ月後にキャバクラに戻ってライフラインを復活させた。長女と2人暮らしがはじまる。

自分のツライことが、全部子どもに向くわけ。だから虐待しちゃう。今もヒドイけど、2年くらい前は本当にヒドかった。子どもはアザだらけだよ。どうして虐待かって？　瞬間的にそうなる。表情が夫に似ている瞬間とか。こいつにカネがかかる、離婚してもたかってくる夫にもカネがかかる、夜の仕事と子育てで自分のことはなにもできない。なんだ、お前も夫と一緒かよって、思考回路。本当は夫に暴力をふるいたいけど、やり返されるから子どもにいく。本当に最悪。

虐待に悩むようになった。子どもと一緒にいると、どうしても拳を振り上げる瞬間がある。そして、地元の仲間や男に誘われて外泊をするようになった。子どもは置いていく。子どもひとり、部屋に押し込めて鍵をかけて、遊びに行く。2010年7月、風俗嬢の23

歳の母親がネグレクトで2人の子どもを餓死させた大阪2児虐待事件と同じ状況である。

　子どもなんていなければいいって、あの人の気持ちはメッチャわかるよ。殺意はないと思う。子どもに生きていてほしかったけど、途中でどんどん現実逃避して、最悪の結果になったんだろうね。あのね、現実逃避すると、徐々に子どもを放置する時間が長くなるの。最初は2時間だけと思っても、2時間大丈夫だった、じゃあ次は3時間ってなる。結局、それが一晩になるわけ。ネグレクトって段階がある。私がラッキーだったのは、自分が一晩空けるようになってからあの事件を知ったこと。彼女のほうが先に事件になってくれたから、自分はこのままだとまずいって思えた。

　23歳、母娘の2人暮らしは4年目に突入した。母親や祖母に協力してもらって週5日は働き、16万～17万円は稼がないと最低限の生活はできない。子どもを実家に預け、出勤する。母親と祖母は文句をいいながらも、子どもを預かってくれる。まわりに助けてくれる家族がいる、シングルマザーの中では恵まれている環境だが、それでも仕事と育児に追われる生活はツライという。

キッズ携帯に実家と娘のことを知る友達、それと児童相談所の番号を登録して、お母さんが1日とか2日帰ってこなかったら電話してってていってある。いつ頭がおかしくなるか、わからないから。まずいなと思っても外泊はやめられないし、歯止めが利かない。自分の時間がないと、本当に壊れる。子どもとずっと一緒にいたら、結局、殴っちゃうもん。それは治らない。殴りたくないから、今でも遊びに出かける。殴るより、遊びに行ったほうがいいって現実逃避だよ。

里見さんに4歳の娘の写真を見せてもらった。満面の笑みでカメラを見つめる。本当にかわいい女の子だった。彼女はこれからヘアメークをしてキャバクラに出勤する。子どもを親に預けてのキャバクラ仕事は、前向きに取り組んでいるわけではないようだ。出勤時間が近づいて溜息をついている。

キャバで一緒の大学生がいるけど、彼女たちには卒業がある。でも、自分には卒業がない……って思うと、本当に落ち込むよね。

里見さんの語りは終わった。貧困が蔓延する沖縄でシングルマザーになった学歴のない彼女は、生きていくためにずっと松山に出勤するしか選択肢がない。

妊娠したことを告げても、何も変わらなかった

沖縄最大の歓楽街松山には、キャバクラだけでなく性風俗も密集している。路上にはスーツ姿の若い男性キャッチがあふれ、一晩中立ち、ひっきりなしに声をかける。

歓楽街の真ん中にある雑居ビル前、男性ピンサロ経営者・上地氏（仮名）を待つ。

沖縄の住人たちの夜のはじまりは、遅い。21時を過ぎてから、出勤する女性が続々と目の前を通り過ぎる。雑居ビルでは、数店の風俗店が派手にネオンを灯す。しかし、上地氏が経営するピンサロは、いくら探してもそのビルにはなかった。

「うちは違法店だから、看板はないのですよ。空テナントに見えるここが、うちの店です。白看板の営業です」

現れた上地氏は、恰幅のいい男性だった。3階の真っ白のプレートが掲げられた店を指して、そう笑う。22時に開店、朝5時まで営業する。風営法でキャバクラや店舗型風俗店

の営業時間は深夜0時か1時までと定められているが、松山では基本的に誰もコンプライアンスを守っていない。

エレベーターを降りると殺風景な扉があった。インターホンを押すと中から若い店員が鍵を開ける。1メートル先の人が見えないほど暗い。大音量の音楽が流れている。店内には、ベニア板で仕切られたプレイルームがあった。学園祭のような手作りだ。

「店舗型ピンサロは風営法の許可を得ようがないので、無許可。完全な違法営業です。だから、沖縄のピンサロは看板をださない。税金も払ってないですね。お客さんはキャッチが集める。価格は時期によるけど、40分1万円が基本。本番で1万円です。観光客が多い時期や週末は、1万3000円とか値段を高くする。暇なときは40分9000円とか8000円まで下げることもある。それと地元の人間と観光客で値段を変える。沖縄の人間はカネがないから、値切りの交渉に応じることもある。」

価格は観光客か地元住民か、そして季節、天候、人出によって変動する。40分1万円は、安価な価格帯だ。路上で声をかけるキャッチが観光客か地元住民かを見分け、価格交渉して客を看板のない店に誘導する。女性はシャワーのない狭い部屋で、40分以内で客と本番する。女性の取り分は売り上げの半分、キャッチは売り上げの1割、残った4割が店の収入となる。

暗くて中がまったく見えなかったが、携帯のフラッシュを焚いてプレイルームの写真を撮ってみた。漫画喫茶の個室のようなつくりで狭い。マットが敷いてあり、物品はティッシュとウェットティッシュ、小さな器に山盛りになったコンドームだけ。真っ暗な場所で顔が見えない男性客と、ベニア板で仕切られた狭小な部屋で行為をする。かなり厳しい環境に見えた。

貧困が蔓延する沖縄出身の風俗嬢たちは、ほぼ全員が経済的な理由でその仕事に就く。夜の仕事は大都市圏と異なり、職種によって階層がある。上からキャバクラ→デリヘル→店舗型ヘルス→ソープ→ピンサロ（抜き屋）→ちょんの間、という順位で、キャバクラで働けるスペックの沖縄出身の女性が、違法店で本番を売ることはない。

「その職種で働けるかは、年齢と容姿の問題。容姿がよければ、飲み屋（キャバクラ）ができる。容姿と体型が悪かったり、中年女性だったりすると、うちのような抜き屋（ピンサロ）しかない。抜き屋には飲み屋は当然、ソープもできない子が流れてくるわけ。うちは本番店だから、松山では最下層ですよ。うちにいる女の子たちは学歴ないし、容姿もよくない。みんなほかに行き場所のない子たちです。だから、店をやってしまった以上、女の子への責任はあると思っている。ほかに行き場所のない貧困の子たちがうちで働いているから、摘発されるまで続けるしかないですね」

上地氏も他の松山の夜の住民たちと同じく、高校中退によってレールから外れた。10代後半から雇用がなくて苦労している。様々な職種を転々として20代半ばに松山の夜の仕事に足を踏み入れた。そして、31歳から風俗店経営をしている。

「沖縄は、わん（俺）が子どもの頃からずっと貧しい。観光産業が潤っても、基本的に内地の会社が儲かっているだけ。沖縄の人間はそういう会社に安くコキ使われているだけ。自分で商売しようという知恵も勇気もないし、本土の人間に利用されやすいわけ。自分もずっと貧しかったから、行き場所のないイナグンチャー（女の子）には情が入る。貧しい女の子たちを助けているといっても、売春斡旋だから売春防止法違反。それと無許可営業だから風営法違反がつく。警察に捕まれば、よくて執行猶予、悪くて実刑1年くらい。それは仕方のないことだね」

上地氏は那覇市内で飲食店と風俗店を3店舗経営する。容姿に恵まれない貧困女性たちが集まるこのピンサロは、ほとんど儲かっていないという。

22時半、照屋由美子さん（33歳、仮名）が出勤してきた。足早に待合室へ入ってワンピースの下着に着替えている。照屋さんは5歳の子どもがいるシングルマザーだ。週に何度かの出勤日、21時過ぎに子どもと一緒にアパートをでる。子どもは「眠い」とごねることもある。

国道58号線を走るバスで松山へむかい、近くにある夜間営業する保育園に子どもを預ける。子供が保育園で眠る間、22時半から閉店の朝5時まで上地さんのピンサロで本番を売る。

沖縄の離婚率は全国1位。2013年は人口1000人に対して2・59組が離婚する。2位は北海道2・09組、全国平均1・84組で圧倒的なトップとなっている。繁華街近くにある保育園は、続々と風俗嬢やキャバ嬢のシングルマザーたちが子どもを預けに来る。20〜21時半が保育園のピークとなる。照屋さんは「お客が来るまで」という条件で、取材に応じてくれた。

離婚が多い原因は男性が働かない、働きたがらないからだといわれる。家事も育児も仕事もする女性たちは、どうしようもない男性に早々と見切りをつける。

正直、疲れています。睡眠時間は毎日3時間くらい。お店は朝5時に終わる。私だけ送迎で帰って、朝起きるのは9時くらい。10時〜16時までグループホームで介護職して、保育園で子どもを引き取るのは夕方17時以降です。翌日に介護の仕事がないときは朝5時半くらいに迎えに行けて、一緒に過ごせるけど、ダブルワークしているから子どもは保育園で過ごす時間が長い。かわいそうだけど、仕方ないです。

グループホームは時給720円。週3〜4日出勤しても、月収は6万5000円ほど。週3日平均で本番を売ることで、なんとか月収17万〜18万円を確保する。アパート家賃4万円、保育園代4万円の支出が痛い。児童手当1万5000円、母子扶養手当4万円が支給されることで、なんとかギリギリの生活を送る。童顔でかわいらしい顔だったが、体型はぽっちゃりだった。キャバクラやデリヘルで働けるスペックはなく、子どもを生んですぐ、5年前からピンサロ勤めをしている。

出身は北関東です。16歳のときに家出して沖縄に来ました。親とは縁を切っています。お互い興味がないので、もう8年くらい連絡は取っていません。それに地元には友達はいない、ゼロです。地元に戻ることは一生ないと思う、これからもずっと沖縄で暮らします。
16歳で家出して沖縄移住、親と絶縁、地元に友達はゼロ――とは普通ではなかった。いったいなにがあったのか。

ずっと、イジメられていました。親からもイジメられた。小学校低学年から汚いとか死ねとか、全員からいわれ続ける。田舎の小学校で1クラスしかなくて、イジメは沖縄に逃げる16歳まで、ずっと。小学生の頃から自分が生まれてこなければよかったって意識があって、どうして私を生んだのって親を憎んだ。だから、人と付き合うのがうまくない。人が怖い。中学校に入ってから誰か友達が欲しいと思っても、同じ小学校だった人たちに邪魔された。悪いウワサを広められた。中学でも友達は全然できなかったし、なにもできなかった。本当に誰とも話さないで16年間を過ごしました。

高校進学はしなかった。親は娘の進学には一切興味がなかった。近所のコンビニで働きながら、30万円を貯めて北関東を出ようって決めた。コンビニの同僚に「沖縄って楽しそう」と冗談半分でいわれて、新天地は沖縄に決めた。

沖縄にきたのは16歳のとき、那覇の飲み屋（キャバクラ）で働いた。18歳って年齢をごまかした。時給2500円くらいだったかな。求人広告で面接に行って、そのまま事情を話した。年齢がバレないようにバイトをさせてもらって、寮みたいなところに住めた。沖縄は親切な人が多くて、助けてくれる人がいる。すごく、いいところだと思った。1年後にはアパートも借りることができました。18歳になって飲み屋の仕事を減らして、居酒屋とかコンビニとか、エイサーとかいろんなアルバイトを転々として、20歳で最初の結婚をしたんです。

19歳のとき、出会い系サイトで沖縄出身のサラリーマンと知り合った。恋愛関係になって20歳で結婚。安定した生活だったが、26歳のときに旦那が地元に近い北関東に転勤となった。「北関東には絶対に戻りたくない」と、拒絶して離婚している。

おカネに困るようになったのは、離婚後です。ずっといろいろな昼の仕事と、水商売の仕事でダブルワークしていました。どんなに頑張っても稼げるのは17万〜18万円くらい。今と同じくらい。離婚して生活どうしようって不安になって、その頃にヘルパー2級も取りました。学歴がないと仕事がない、介護がいいかなって思った。6年前、スナックに客で来た沖縄の人と付き合った。寂しかったし、1人じゃキツイってことですぐに再婚しました。最初はいい人と思ったけど、ふたを開けたらDVとか生活費くれないとか、ギャンブル好きとか借金まみれとか、メチャクチャ。とんでもない男だった。息子は、その男との子どもです。

妊娠したことを男に告げれば、ギャンブルやお酒を控えて真面目に働き、普通の家庭生活をしてくれるかと期待したが、なにも変わらなかった。子どもが生まれて半年後、離婚した。バツ2となった。

今のグループホームで介護職しながら、風俗をはじめました。最初から松山のピンサロです。太っているのでデリヘルは断られました。子どものためにも売春みたいなことはしたくないけど、仕方ないです。飲み屋ができる年齢じゃないし、それしか生活する手段がありません。

介護で社員になるには介護福祉士の取得が条件なので、売春をしながら時給720円で働くしかない。賃金が安いので絶対にダブルワークをしなければならない。賃金が高く合理的に稼げそうな風俗を普通に選択した。

家賃と保育園と生活費でどうしても17万円くらいは稼がないとやっていけない。だからすごく無理してダブルワーク続けています。子どもは5歳でまだまだ先は長いけど、ずっと風俗はやるしかないかな。こう話すとキツイ人生ですね。嫌になってきます。

照屋さんは何度も溜息をつきながら、暗い待合室で語った。小さな声で50分間くらい話しただろうか。キャッチが酔客を連れてきた。彼女は店員に呼びだされ、酔客の手を引きながら本番する部屋へと消えていった。後ろ姿は疲れ切っていた。

「近くに18歳以下のわらばーたー（子ども、未成年）ばかりの抜き屋がありますよ。場所教えましょうか？」

上地氏は、そんなことを言いだした。白看板ピンサロのある雑居ビルから歩いて2分ほど、セクシー系の店舗が営業する同じようなビルがあった。空テナントのような白い看板の店が、その未成年専門店のようだった。流行っているのか、キャッチと男性客の出入りは多い。一基あるエレベーターは動きっぱなしだった。

それと、沖縄では子どものことを〝わらばーたー〟というようだ。

「あそこは未成年専門の抜き屋、当然、本番もさせている。未成年の中には、中学生もたくさんいますよ。沖縄では18歳以下の子どもを雇用するのは、本当に簡単。わらばーたーの口コミですぐに広がって、沖縄中から働きたいって子が集まる。違法店はそもそも地下に潜っているから、子どもを使ってしのぎをするのかしないのかは、経営者の判断。未成年とか児童だからって、特に値段が高いわけじゃない。うちと同じ40分1万円だよ。逆に悪い奴らは代えが利くから女の子を安くたたいている。リスクある営業ってことで店側の立場が強いわけ」

未成年ばかりの本番ピンサロは、沖縄以外には基本的に存在しない。１９９９年に児童ポルノ法が成立して２００５年に改正してからは、18歳未満の女子児童の売買やポルノに関する案件は、どこの都道府県の警察も積極的に取り締まっている。警察が甘く、事実上の治外法権となっている松山でも未成年だけは即摘発のリスクがあり、極めて危険な営業である。キャバクラが未成年の雇用を控えるようになったこの数年、ヒエラルキー下位の職種である違法ピンサロに女子児童が集まっているという。

「シングルやネグレクト家庭が多いから、一部のわらばーたーはどうしても中学生で自立を迫られる。中学生は普通のアルバイトはできないので、どうしても夜に流れる。10年くらい前まではキャバクラがそういう未成年の働く場所になっていたけど、条例（青少年保護育成条例）が厳しくなって、ちゃんと看板を掲げるキャバクラは未成年を雇用しなくなった。だから違法ピンサロに、どんどん流れるわけ。結局、中学生を雇うところは少ないから集中する。賃金を安くしてもほかに移る店がないし、辞めないから買いたたく」

早くに自立を迫られる貧困世帯の未成年たちは、真面目な子どもは中学生のときに路上でアイスクリームを売り、高校生になったらコンビニやスーパーなどで働く。地域やクラスヒエラルキー上位の非行傾向がある女子たちは、時給の高いキャバクラで働きたがる。16歳を超えれば飲食店やコンビニなどの仕事があるが、中学生には賃金が安く期間が決められているアイスクリーム売りしかない。法律と現実に隙間があり、貧困家庭で自立を迫られた女子中学生がキャバクラを筆頭に、ピンサロや売春など、違法な性労働に流れていく。

「キャバクラが昔みたいに未成年を囲えば、売春する未成年は減りますよ。子どもはカラダ売るより、キャバクラのほうがまだいい。いろいろな人との会話、接客することが勉強になるわけだし。一度、女子中学生を雇用しちゃうと、県全体の女子中学生が集まっちゃう。1人が働くとその友達に口コミで広がるから読谷の子が多い年もあれば、コザや宜野湾が多かったり、バラバラ。未成年は松山だけじゃなくて、仕事ができる場所と店に集まる」

貧困と格差が蔓延する沖縄の現実は、とんでもないことになっていた。本土で生活する我々には信じられない話だったが、上地氏は当たり前のように語る。

「10日くらい前、うちで働く母親が娘を連れてきましたよ。中学2年だったかな。〝娘がおカネを返さない、働いて返してもらう〟って言っていた。もうメチャクチャですよ。未成年を雇うのは簡単、いまでも電話一本で女の子たちは集まるけど、うちはできるだけ長く営業したいから手をだしません」

沖縄は産業と雇用の多くを米軍基地やその周辺のサービス業、観光業などに頼ってきた。民間投資が多くはないため、圧倒的におカネが足りていない。いびつな状況は、すぐに繁華街の現実にあらわれる。違法店舗を摘発しても、経済的に困る女の子たちは別の場所に流れるだけなのだ。

経済的に依存され、奨学金が消えていく

那覇市辻地区のソープランドで働く女性と待ち合わせている。しかし、約束の時間を過ぎても来なかった。「おくれてすみません。むかっています」と返信はある。

結局、新垣玲奈さん（28歳、仮名）は1時間半遅れでやってきた。足元がふらついていて目がトローンと濁っていた。健康状態が悪く、なにかの精神薬を飲んでいて時間通りに行動ができないように見えた。

無職です。たまにソープに出勤するくらい。私がこんなになってしまったのは「あいつのせい、あいつのせい」という気持ちが強くて、恨んでばかりだったから。本当にずっと精神状態が悪くて、ご飯を食べれなかったり、眠れなかったり。最悪なときは歩けなくなった。相手を恨むことをやめようと決めてからちょっとずつ回復しています。今は過去のことを、なんとも思わなくなりました。

新垣さんは何度も謝ってから語りだした。県内の郊外の実家に両親と一緒に住んでいる。出身高校は地元の上位公立高校で、現役で沖縄のヒエラルキーの頂点といわれる琉球大学に進学。大学は卒業できずに中退。そしてソープランドに勤める。海沿いにある那覇市辻地区は、ソープランドが一か所に集まっている地帯だ。

健康状態が悪いことは一目瞭然だったが、ルックスは典型的な琉球美人だった。誰もが認めるだろう美人である。しかし、若干呂律がまわっていない。すごく、ゆっくりとしゃべる。確かに昼間の仕事に就業できる状態ではない。本人も自覚していて、無理して人混みの那覇中心部にやってきていた。彼女が壊れてしまったのは、恋人によるDVのようだ。沖縄県の所得、雇用、離職、離婚が全国最悪なのは伝えたが、家庭内における暴力＝ドメスティックバイオレンスも多い。学歴社会が残る県内で上位高校から琉球大学に進学、明るい未来があったはずなのに、いったいなにがあったのか。

別に高校も大学もたいしたことないです。先生に「やれ」と言われたことを覚えて書くことが得意だっただけで、テストで高い点数は取れた。大学に行って自分でテーマを決めて、興味あることを調べて、自分の意見をまとめてレポートにする、ということは苦手で、琉球大では劣等生でした。成績は悪いながら大学3年までは飲食店のアルバイトと学業を両立できて、公務員試験でも受けようかなとか思っていました。そんな頃、元彼と出会ってしまった。それで本当に人生がおかしくなりました。彼氏は自衛隊員ですね。

当時、大学の近くで一人暮らし。学費は親が払い、家賃と生活費は毎月6万4000円が振り込まれる第一種奨学金とアルバイトが収入だった。飲食店と塾講師を掛け持ちして月10万円ほどを稼いで、学業とアルバイトの両立はできていた。大学3年の春。新しくできた自衛隊員の恋人が転がり込み、同棲をするようになった。

最初は優しかったし、一緒にいて楽しかったので付き合ったけど、まず金銭的に依存してきた。給料が少なくてお金がないっていつも愚痴をいっていて、食費とか遊びに行くお金とか全部私が払った。クルマの免許も事故で免許取り消しになって、送り迎えとか全部させられた。依存されてから私もお金と時間が足りなくなって、大学3年から第二種奨学金を毎月12万円のフルで借りるようになったんです。第一種とあわせて月18万4000円。

それで奨学金は全部彼氏に持っていかれるみたいな状態になりました。

自衛隊員の恋人は職場への送り迎えから、食事、デート、学生の新垣さんになんでも面倒みてもらうことを望んだ。そして、なにをしてあげても、それが当たり前のこととなった。大学は専門課程になってゼミと研修がはじまり、忙しくなった。アルバイトも週4、5日は働かないと、一人暮らしの学生生活は維持できない。「バイトもあるし、もう、送り迎えはできない」といったとき、恋人の暴力がはじまった。

蹴る、殴る。蹴る、殴るです。日常的に殴られるようになった。とにかくおそろしかった。レポートやりたいっていっても「はっ？　まだ話終わってないし」ってやらせてもらえない。彼氏が怖くて時間を作れるように飲食店を辞めて、時給のいいスナックで働きはじめた。けど、今度は客に嫉妬されてもっと暴力はひどくなった。カラダは本当にあざだらけです。半袖のシャツは着ることができないくらい、いつもカラダに傷ができていた。

新垣さんだけではなく、沖縄の風俗や水商売界隈で働く女性たちは必ずといっていいほど恋人によるDVの話をする。どの程度の暴力か。当時の具体的な暴力の内容を聞くと、さらに言葉が聞き取りづらくなる。

私が運転しているときに暴れて、クルマの窓ガラスを割るとか。運転中にガンガンって殴って、視力かなり悪いけど、殴られてコンタクト取れてなにも見えないのに、そのまま運転しろとか。どうして別れなかったかというと、半同棲なので家は知られているし、実家もバレちゃっているから逃げられない。一度、殺されると思ったとき、警察を呼んだの。殴られて恐怖でおしっこを漏らしちゃった。恐怖で漏らすってよくいうじゃないですか、それは本当のこと。コンビニでパンツを買ってくるっていって、そこから震えながら通報した。私と彼氏が事情を聞かれたけど、警察には「スナックで働いているあなたが悪い」っていわれました。

暴言と暴力を毎日浴びるようになって、人が怖くなった。最初はゼミの同級生の前でプレゼンができなくなった。人前に立つと、言葉がでなくなる。そして不眠がはじまった。いつ眠れるかわからないので時間通りに通学ができなくなり、欠席が増えた。理由は疲労と倦怠感、寝坊である。友達の家や実家に逃げても、ひっきりなしに電話がかかってくる。

眠剤飲むようになって、欠席が増えていたし、学校に行くのが怖くなった。行かなきゃ、行かなきゃって思ったら夜に泣いちゃって、朝までずっと泣きっぱなしとか。とにかく、まったく眠れない。単位取れなくて、もう厳しくなった。あの頃は感情が崩壊していて、運転しているときに涙がでっぱなしとか。授業を受けていても涙が止まらなくて、先生に心療内科に行けっていわれた。診断は双極性障害でした。留年が決まって、彼氏から逃れるために2カ月くらい内地に行きました。その彼氏とは、それっきり。生きているのか死んでいるのかわからない。自衛隊の近くは、もしも会ったらって恐怖があるから、今も近づくことができません。

沖縄は県民が総じて所得が低く、ほとんどの県民が個人で自立して生きるのは経済的に難しい。その厳しい状況を「家族」によって乗り越えている。共稼ぎは当然、3世帯、4世帯で同居するのは一般的であり、低賃金ながら老人から子どもまで家族全員が働き、生活ができる世帯収入を維持する。

子どもが親に、親が子どもに依存する、家庭内互助は一般的だ。沖縄は離婚率が圧倒的に高い。離婚の大きな原因は、配偶者による暴力である。それは家族に依存する文化が生んでいた。多くのケースで自立できない男性が配偶者や恋人に「どうしてもっと面倒をみてくれないのか」と迫り、力が弱く、情に厚い沖縄女性たちは身体的、経済的な虐待の被害にあう。

堕胎、アルコール依存、琉球大学を中退

不眠症を患って昼夜逆転した新垣さんは、飲食店や塾講師で働くことも困難となった。最後の手段として松山のキャバクラに入店して、20時~朝方まで働くことにした。月収20万円ほどになった。毎月18万円が振り込まれる奨学金はそのまま借り続けていて、現在に至るまでまったく返済していない。

キャバクラで働きだして、ほかの店でボーイをやっていた人を好きになっちゃって一緒に住みました。やっぱり、寂しくなって。その人もお金がなかった。沖縄は夜の仕事をしても給料は安かったり、上の人がいい加減で給料がでなかったり。もらっていても、たぶ

ん10万円台だと思う。経済的に甘えられて家賃、タクシー代、ご飯代とか、お金は全部私がだしました。

2人目の恋人にも経済的に依存され、奨学金として毎月振り込まれるお金は消えた。

あと女癖が悪かった。何人も彼女がいるみたいな感じで、あまりにもムカついたので、荷物とか全部まさぐったら、昔の彼女の手紙がでてきた。籍は入れていないけど、子どもがいるというのは知っていた。「あなたの子どもも堕ろしました」って書いてあって、何人、堕ろさせているんだって。その子どもを生んだ人も、過去にその人の子どもを一度堕ろしていて、最後、私も堕胎させられた。

同棲する彼氏に恋人が何人もいて、経済的には依存されている。不満が溜まって、当然ケンカになる。再び暴力もはじまった。

その頃からアルコール依存がはじまりました。私、酒癖悪い。酔うとグダグダグダグダ文句を言うみたいで、彼氏にそのままお風呂場連れて行かれたり、髪の毛つかまれて水漬けにされたり。トイレの中に頭を突っ込まれたり。すごくストレスが溜まる生活でした。アルコールと眠剤に逃げるようになって、眠れないし、朝から晩までお酒を飲むようになった。頻繁に記憶がなくて暴れたり、救急車で運ばれたりみたいなことを起こすようになった。最終的にはアルコール依存で入院するまでに悪化して、それは今も治っていないです。

精神病院に入院中に妊娠が発覚した。彼氏に伝えると「堕ろせ、俺、お金ないけど」と、冷たい言葉が返ってきた。大学4年の冬、実家の両親が娘の惨状に初めて気づき、実家に連れ戻された。

子どもを生んでいたら、どうなっていただろうって、今でも思う。あのときはもうボロボロで、一日中アルコールが抜けていない状態だった。もし子どもを生んでいたら、アルコール抜くことができたのかな、とか。私も彼氏もお金がないから、手術代は親にだしてもらった。付き添いは母親がしてくれて「本当にいいの?」っていわれた。けど、彼氏はどこかに行っちゃっているし、どうにもならない。サインしたとき、泣きました。

堕胎でショックを受けた彼女は、実家でずっとお酒を飲むようになった。手が震えるようになって、最悪のときは自力で立てなくなった。立てないとき、トイレに這うようにむかう。大学は2度目の留年が決まり、琉球大学を退学した。

私があまりにも壊れちゃっているから、親はもう諦めている。たぶん、生きていればいいかって感じだと思う。アルコール依存と、引きこもり。キャバクラで働いているとき、手が震えだしたから危ないなと思ったけど、本当に自分がアルコール中毒になるとは思わなかった。段階がある。出勤前に飲むのが普通になって、次はお昼から飲むのが普通になって、エンドレス。お金がないので、お酒代に困るんですよ。

常に精神状態と体調が悪い、彼女は今もその日にならないと動けるか、働けるかわからない。退学してもキャバクラは続けたが、無断欠勤、遅刻ばかりした。あきれた店長に「キャバクラは無理じゃないか。時間の融通がきくソープしかないんじゃないか?」と提案された。新垣さんは、ソープ嬢になった。

連れ戻されて、実家で暮らすようになって5年が経った。精神科の担当医からは「これ以上、酒を飲むと死ぬ」と診断されている。毎日、お酒の誘惑と格闘しながら、体調がいいときは家事手伝いをして、働けそうな日は自由出勤を許されているソープランドに電話をする。そして出勤できる時間に出勤する。ストレスになる仕事だが、もうお金を稼ぐ手段はそれしかない。

ソープランドでは1日働けば、2万円になる。実家暮らしで、家からでないので、お金を使うのはお酒とタバコくらいだ。稼いだ2万円で1週間〜10日間を過ごし、お金がなくなったらまた出勤する。そんな生活が5年間続いている。

最初のDVでおかしくなってから、あまり自分を大切にするみたいな感覚はなくなったかな。だからソープで働くことは、なんとも思っていないです。すぐに慣れました。親にバレるのが怖いくらい。毎日、なんとか生きているだけですね。キャバとかソープで知り合った友達も、みんな旦那とか彼氏に暴力ふるわれているし、もう結婚とかは考えられない。親は「私たちが死んだら、あんたどうするの?」って心配していうけど、こんなになっちゃったし、もう仕方がない。なるようになるだけ、です。

琉球大学中退で簡単な英会話ができる彼女は、今、沖縄中部にある米軍専門のデリヘルで働くか、上京してキャバクラか風俗をしながら、一人暮らしすることを業者に勧められている。嫌なことがあった沖縄をでて、環境を変えたほうがいいのでは？　という提案だった。

確かに、このまま自宅に引きこもっていても、なにもないことはわかっています。環境を変えてイチからやり直すのもいいかな、とは思うかな。大学2年までは、自分のことダメと思ったことは一瞬すらなかった。けど「お前はダメだ、お前はダメだ、お前はダメだ、お前はダメだ、お前はダメだ」って殴られながらいわれ続けて、1000回くらい同じことをいわれたら「私ダメだ、私ダメだ、私ダメだ」ってなる。洗脳されちゃう。本当にこんな、ただ生きているだけのダメな人間になっちゃった。

新垣さんはもう限界といった様子で、店員を呼んでビールを注文しだした。止めようかと思ったが、なにもいわなかった。確かにグラスを持つ手が、少しだけ震えている。暴力と暴言によって、健康体の優秀な女性が本当に壊れてしまう。ドメスティックバイオレンスのおそろしさを目の当たりにした。

一人で東京に行くのは今の状態じゃ無理。米軍相手の店で働いて、段階的に違う景色の場所に行ければとは思う。だから、そろそろ引きこもりは卒業するかも。

新垣さんの諦め切った表情は最後まで変わらなかったが、少しだけ前向きなことをいってくれたのが救いだった。

2019年9月——再び沖縄で

あれから3年4カ月が経った。

平成から令和になり、東京などではラグビーワールドカップが開催されている。沖縄県はあらゆるデータが全国最下位、全国最悪だったが、平均年収は369・4万円（平成30年賃金構造基本統計調査）になり、全国最下位を宮崎県に譲った。最低賃金も毎年続々と上昇して令和元年10月の改定で790円となり、福岡県以外の九州地域と肩を並べるようになった。

本書のために北関東から沖縄と取材した。また格安航空に乗って離陸、那覇空港に足を踏み入れてゆいレールに乗った。沖縄に活気と熱気を感じた。那覇空港は国内だけでなく全世界から集まった観光客で賑わい、ゆいレールはラッシュ時のように混みあっていた。

北関東の崩壊の予兆のような閑散を見てきたので、これがあらゆるデータが全国最下位の地域なのかと違和感を覚えた。この日から数日、沖縄に滞在して那覇から中部をまわったが、どこの地域も観光客と地元県民が行き来し、飲食店ではどこもそれなりに客がつき、繁華街は深夜になっても賑わっていた。

那覇市安里にある〝栄町〟でピンクサロン経営者・上地氏と再び会うことになった。

老朽化しながら昭和の商店街がそのまま残る「栄町市場」は、那覇のディープスポットとして有名であり、朝方まで賑わう居酒屋には観光客ではなく、地元のウチナンチュが集まる。栄町市場に隣接した一帯にある「栄町社交街」には、スナックや旅館の看板を掲げた売春宿が並んでいる。栄町社交街の売春宿は中年から高齢の女性がカラダを売り、地元の人間には「沖縄の貧困女性が最後に行きつく場所」という評価をされている。栄町社交街のスナックママも売春女性も、基本的に沖縄の最底辺を生きてきた女性たちだという。

居酒屋では上地氏と、彼を紹介してくれた人物がすでに酒を飲んでいた。3年4カ月前に経営していたピンサロは潰して、それから未成年専門の援デリ業者になり、現在は小規模なキャバクラをやっているという。グレーゾーンや違法な風俗業は様々な事情、たとえば警察の状況や景気、働く女の子の状況などに影響されながら、コロコロと手をつける業態を変えていく。

「ピンサロを潰した後にやったのは、援デリ。未成年専門の。もう辞めたけどどね。自分の車に未成年のイナグ（女の子）を2人乗せて、3台の携帯用意して出会い系サイトに登録するの。それでメッセージ入れて客を見つけるわけ。未成年って書けないから10代後半でいれて3人でせーので書き込みするの。ホ別1・5とか、車内Fとか。ホ別1・5だけだとありふれているので埋もれちゃう。ゴなしOKとか。即フェラOKとか。会った瞬間にすぐくわえますとか、目新しい言葉をどんどん使って変態を集めるんですよ」

彼は饒舌に語る。貧困女性と同じで底辺に生きる男性たちも、聞いてくれる相手がいれば語りたいのだ。

援デリとは打ち子という数人のチームを束ねる男性がお客さんを出会い系サイトで探し、

管理する女性たちに売春を斡旋する違法ビジネスだ。リスクの高い援デリは千葉県など歴史的に未成年にヤンキー文化が根づいていて、未成年の夜系仕事の雇用が厳しい地域で活発だった。家出少女やネグレクトで行き場のない未成年の女の子たちは、困窮から逃れるため、違法業者に取り込まれるという傾向がある。

「3台の文章がばらばらだから、どこかしらに客がつく。それでこんな条件なんだけど、どっちが行くって話して客のところに行かせる。女の子はこの内容は嫌だから、お願いみたいな。女の子は別の援デリにお客さんとしてついて引き抜いたり、コンビニとかアパレルとか安い時給で働いている子に声をかける。絶対バレないよ、やるかって。こっちの仕事に引き込んでいくさ」

援デリに手を染めた上地氏が扱ったのは、主に未成年。高校生、高校中退、無職、そして中学生の女の子たちだ。離婚率が極めて高い沖縄はシングル家庭や機能不全家庭が多く、非行に走る子どもたちはたくさんいる。親のネグレクトにより中学生から自立を迫られ、遊ぶお金や食費、生活費を自分で稼がなければならない。

「値段は適当に1・5万円だったり、2万円だったり。男がロリコンで中学生ってわかったら2万円でも2・5万円でも出してくる。援デリでの取り分は、本番だったらこっちが

800円、あとは釣り上げた分だけ女の子の取り分にした。他では折半が一番多いかな。中学生は遊ぶ金が欲しい子もいるし、家出している子もいるし。俺が見てきた中では生活が貧しいから、生活費が欲しいって子は少なかった。あと、生活保護のおかぁー（母親）から稼いでこいっていわれたってのが何人か。沖縄のわらばーは学校に行かないで遊んでる。飲み歩いたりとか、ラウンドワンに行ったり。わったー（俺たち）の時代と違って、お金遣う遊びしかないから、どんな安い店に行くにしても月何万円かは必要だよね」

2016年の前回の取材時は、松山のキャバクラが未成年の雇用を控えていた時期だった。夜の世界は地域経済に影響されながら、需要（男性）と供給（女性）のバランスで動く。キャバクラが未成年の雇用を控えれば、女の子たちはピンサロや援デリのような違法業態に流れる。水商売や風俗、売春の効用には、男性の性欲発散や業者の利益追求だけでなく、貧困層や弱者に対する所得の再分配機能がある。

「いかがわしい、けしからん」と叩き潰しても、その場での営業が終わるだけ。生きていかなければならない女の子たちの生活や所得のケアがなければ、別の場所に流れるだけ。全国どこでも同じだが、貧困女性の所得の再分配機能をストップさせる性風俗の浄化や雇用の厳格化は必ず副作用が起こる。

「キャバクラを厳しく取り締まっていたら、カラダを売る未成年が増えちゃった。ちょっと前に高校生の売春が大問題になったし。それと、援デリ。沖縄の女子鑑別所は売春が一番多くなっちゃって本当に問題になった。だから気づいた警察はキャバクラの取り締まりをやめた。いまは未成年の女の子はどんどんキャバクラに流れている。いいか悪いかでいえば、すごくいいことさ」

そして彼も援デリから足を洗い、キャバクラに乗り換えている。当然、行き場のない未成年も雇っている。

「友達の勧めとか、業者にいいくるめられて一度でも知らないおっさんとお金のためにやってしまうと、もう慣れちゃうわけ。耐性がつくし、常識が崩れる。エッチなことは好きな人じゃないと、って常識がなくなる。割り切ればいいって感覚に狂って、堕ちていくわけさ。キャバクラでも染まるけど、本番なんかするよりマシ。だから売春するイナグ(女)が減っているいまは、すごくいい状態さ」

上地氏にあまりにも活気がある沖縄に驚いていることを伝えた。先日まで出入りした北関東とは次元が違うし、東京に近い雰囲気がある。どうして貧困が起こるのかを聞いた。

「昼職をやりたがっている夜のイナグはたくさんいるけど、現実にいくらもらえるのって話になるのさ。アウトレットモールのアパレル系の子なんかひどいよ。給料はそうとう低い。低い給料のなかからお店の商品を買わされて、本当にお金がない。お店の商品でも2割引き、3割引き程度で買わされて生活できないの。社員にそんなことをさせて生活できますか。遊べますかってことさ。そういうことをしているのは内地の企業、貧困とかいっているけど、そういう連中が生んでいるようなもの。矛盾しまくりなの」

沖縄の女の子たちは最低賃金に近い月給、時給で雇用されている。アパレルなどの人気職は限界まで賃金を下げる。手取りは12万～13万円で、そこから月数万円の自社ブランドの服を買わされる。実質賃金は貧困水準を超える。

本土企業の話になると、彼は声のトーンが変わって苛立ちはじめた。酔いもあって口調は強くなる。

「給与所得は47都道府県中でブービーだよね。そんな賃金なのに本土にあるショッピングセンターと価格は同じ、その格差おかしいでしょ。矛盾だらけなわけさ。本土からの移住者で実際にそいつらがもらっている給料って、沖縄の地元の人間がもらっている給料より全然高い。簡単にいえば、搾取されているわけ。食い物にされている。高校の偏差値見てもわかるけど、沖縄の人間は知的水準が低い。みんな兄妹みたいな感じで、イチャリバチョーデーさ（フレンドリー）。あまり疑わない。みんなで遊んでいれば楽しいから、その遊ぶお金だけあればいいって考え。どうしたら賃金が上がるか、搾取されないか、みたいなことまで考えない。だから本土の人間は搾取し放題なわけさ」

泡盛を勢いよく飲んでいる。本当に酒が強い。さらに饒舌になり、もう一つ沖縄の難点を指摘しだした。仕事がない、仕事が続かない、そして賃金が安いので多くの県民男性たちは、なにかしら起業をする。

「自分でなにも考えないから起業しても失敗する。だから廃業、倒産まみれ。飲食店を仲間頼りでやって、潰れる。沖縄は友達に値切られるから、安くしてしまうから地元の人間の会社はデフレが起こる。ずっと、そう。安くするぶん利益を削っているわけ。友達だから友達料金でやってくれという前提があって、友達の友達、の紹介でも、安くしないといけない。友達の顔をたてないといけないってなる。本土の会社は沖縄の人間を安く使って、そんな風習とは無縁に普通に定価をとるので利益が上がる。それで、どんどん差をつけられる。本当に、フラァ〜（バカ）さ」

栄町のある那覇市安里は戦前、ひめゆり学徒隊の校舎があった場所だ。校舎は戦争でなくなってしまったが、復興のときに「再びこの地域が栄えるように」と願いを込めて〝栄町〟と命名されたそうだ。まさに焼け野原から世界中から人が集まる驚異の復興を遂げても、栄え、利益を得るのは復興した沖縄や地元民を商業利用する県外の人間ばかりという現実があった。

闇金にとっての優良顧客

深夜12時30分。沖縄には都市圏のように終電という意識はなく、栄町は活気づくばかりだ。携帯に電話があり、共通の知り合いがいる那覇で闇金融を営む金城氏（仮名）が栄町市場で酒を飲んでいるらしい。上地氏と別れてすぐに行くことになった。

「やっぱ環境さ。沖縄で生まれたら、それが普通になる。上に行こうみたいなハングリー精神はないですよ」

金城氏は闇金からイメージする威圧感、強面感などは一切ない。陽気な沖縄男性だった。中学校の同級生たちで闇金グループを作っている。闇金グループはクラスヒエラルキー上位のヤンキーのなかで、頭がいい層が手をだす仕事のようだ。那覇周辺の闇金の最新事情を語りはじめた。

「最近は若い子たちが公庫を通して復活するんですよ。みんな多重債務者。ブローカーみたいな闇金がいて、当然返せなくなる。国の公庫ってあるじゃないですか。おまえお店だすって士業に事業計画書をきれいに作らせて、公庫のなかにも組んでいる人間がいるんですよ。それで話を通させる。それで１０００万円くらいの融資を申し込んで、手数料で15パーセントくらい払って、結局５００万円、６００万円の借金をしている人たちなので。闇金の借金はチャラになる」

政府系金融公庫に飲食店などの起業を申しでて、融資をしてもらうのが最近の多重債務者のトレンドのようだ。闇金まで手をだすのはクレジットカード、消費者金融が借りることができなくなり、親や親戚に迷惑をかけて、それでも借金する人たちである。一般的には融資など受けられるはずがない。

「国を騙しているみたいな感じですよ。闇金がプロデュースして、きれいに書類を揃えて審査を通しちゃう。政府系金融公庫から振り込みがあったら、まずは闇金の借入を全部払う。だから１０００万円借りても２５０万円くらいしか残らない。一応、それでお店をやるんだけど、初期費用が全然足りない。すぐに潰しちゃう。多重債務者は本土のタコ部屋とかまぐろ漁船に飛ばしても、逃げちゃうんですよ。公庫を騙すのが一番おいしい」

債務者は高利でお金を借りて返済する、お金を借りてギャンブルすることを繰り返している。必然的に借金は雪だるま式に増え、多重債務者となっていく。そんな人物に1000万円ものお金を返せるわけがない。すぐに焦げつく。

「公庫が最終的にババを引く。誰か女を探して結婚して婿にはいる。それで借金から逃げて、新しい名前を使ってもう一発融資にチャレンジするんですよ。名前が変わったら、前の借金は逃げられますから。最近は2周目に突入の多重債務者が数人いて、彼らは3周目、4周目ってやるつもりじゃないかな。一度目の公庫で闇金に一度しっかり返済しているから、信用がついて枠も広がるわけ。ゼロから金を借り放題って喜んでいますよ」

多重債務者の借金まみれに陥る原因は、ほとんどがギャンブルだ。沖縄は公営ギャンブルはない。パチンコやパチスロ、違法カジノになる。

「沖縄はギャンブルだらけ。昼職ができない夜系の男の子たちは、ほとんど借金背負っています。借金がないだけで勝ち組みたいな感じ。闇金融から借りている人は、消費者金融の利息なんてとても安くて、親切だよねっていうくらいの感覚。もう麻痺するんです。クレジットカードを作れたら仲間内ではヒーロー、もう感覚がおかしい。那覇だけじゃなくて沖縄はどこも環境が悪いですね」

沖縄の闇金は成人した元非行少年が手を染める。出身中学単位の仲間で組み、県内には何百ものグループがある。すでにクレジットカードや消費者金融の借金が焦げついている多重債務者に小口のお金を貸しつける。多重債務者の限度額は低く、3万円〜5万円程度が上限となる。

3万円を貸しつける場合は、利用客に利子を抜いた金額1万9000円を渡す。利用客は週5000円×7週間の合計3万5000円を返済する。5万円だったら2万9000円を渡して6000円×9週、最終回に7000円、5万5000円の返済になる。毎週の返済は現金でのやり取りで、闇金が対面などで集金する。都市圏の闇金は10日1割〜3割ともっと暴利だが、この劣悪な条件でも借りる人はたくさん存在する。

「借りている顧客たちはリストがまわっています。だから、闇金は食いにかかっているんですよ。返済できないタイミングで友達に連絡して貸しつけるとか。借金は借りている人が悪いっていうけど、お金がない人はハメられちゃっている。食われている。司法書士に相談しても闇金なんて飛ばしの携帯だから、話はおさまらないです。司法書士から連絡きたとしても名乗った瞬間に電話切っちゃうだけ。警察に連絡がいっても警察は電話を止めることができるけど、そこまで。足がつくことはない。そうやって警察に駆け込んだ人でも、また半年後くらいに借りにくる。警察に行っても一瞬追い込みが止まるだけで生活がよくなることはないんです」

闇金を借りるのは、若者からおばさんまで様々。ほとんどがギャンブルの負けから人生が狂ってしまった県民で、あっという間に何社からも負債を抱える。闇金の同業同士はつながっていて、お互いで情報共有しながらどんどん負債を背負わせていく。

「沖縄のおばちゃんとかは、花札（違法カジノ）で闇金にくるんですよ」

花札とは喫茶店にあるテーブルゲームだ。1日3万円～5万円程度の勝ち負けがつく賭博という。花札賭博店は、県内のあらゆるところに堂々と店舗を構えている。

「違法カジノは普通の喫茶店で誰でも入れるので主婦が多い。3社くらい（10万円弱）を借りちゃうと、もうまわらないですよ。アウトです。おばさんだったらせいぜい1社3万円くらい。即焦げるって状態で3社借りていたら週1万5000円の支払い。5社の2万5000円で確実にパンクです。月10万円なんて払えんさ。それを返すためにまた別の闇金に行く。闇金に手をだしたらアウトです。闇金は余力があると思えば、残り1万円って残金が残っているとき、おばちゃんたちが支払うお金がないとするじゃないですか。切り換えますかってきいて、1万9000円渡して相殺して9000円を渡す。それで残金が3万5000円に戻る。切り替え、切り替え延々とお金をむしられる。みんなやられていく」

多重債務者は、もうどこにいくらのお金が残っているか理解していない。返済が終わっているのに取り立てたりすることも日常のようだ。

「パチンコ、闇賭博が緩すぎて県民の貧困に拍車をかけていることは間違いないですね。ただでさえ低い賃金を吸い上げられている」

金城氏は沖縄の貧困はギャンブルが大きいと断言する。少ない賃金でギャンブルに走れば、貧困を超えて生活は破綻する。沖縄の貧困の背景には、あらゆる公営ギャンブルとパチンコ店が揃っている「ギャンブル王国」と呼ばれる北関東と同じ事情があった。ギャンブルによって低い実質収入をさらに下降させて赤字となる。そして、消費者金融や闇金が横行する。県民、市民の人生、家庭を潰すほどの深刻な負の連鎖である。

「東京のパチンコ屋は10時オープンの22時50分閉店。でも、沖縄はこの前まで朝8時オープン夜23時50分まで。1日16時間、営業している。公営ギャンブルがないぶん、風俗とかパチンコとかの規制が緩い。営業時間が長すぎる。年末年始になれば1時までですから。花札屋とかポーカー屋も街中にたくさん。歩いていると道に喫茶店ってあって、そこで花札とかポーカーのゲーム機を置いて賭博する。完全な違法ギャンブルだけど、沖縄は摘発されない。警察ともつながっていて捕まらないシステムなんですよ」

最後に債務者への取り立てについて聞いた。債務者によって返済の曜日が決まっていた。金城氏のグループは100人以上に貸し、那覇市だけでなく中部、北部まで1日20人近く取り立てている。夕方18時くらいから地域にわけて債務者と対面、もしくはお金の隠し場所を決めて現金のやり取りをする。

「電話でとりにいくってことは言っているんで。週1日、その日に返せなかったら次の日も行く。千円のガソリン代で翌日にジャンプできる。たとえば、その日に5000円しかなくて4社の支払いがあるおばさんがいたら、1社に払っても3社から追い込みかけられる。全員に1000円しかないってガソリン代を払えば、1日のびるんですよ。それで明日までどうにかしようとする。それにちょんの間（旅館、売春宿）とかスナックは夜ひらくじゃないですか。バイクでまわる。結局、ふらっと集金に行ったとき、ちょんの間のドアがあいているかチェックする。あいているとお客さんがいない、締まっていたら接客中。客がでていったらすぐに取り立てるので、確実に集金できる」

隣接する栄町社交街で売春する中年女性たちにも、たくさんの多重債務者がいるという。辻のソープ街で働けなくなった女性が栄町に流れる。有名だった真栄原社交街がなくなった現在、コザにある吉原新地と栄町社交街が女性たちの最後の砦となっている。金城氏ふくめ、地元民は「最後に行き着く場所」という認識であり、栄町社交街の後に堕ちる場所はどこにもない。

「ちょんの間のおばさんたちは、すごい。子どもがいても、堂々とこれでしか生きていけんっていう。肝が据わっている。路上に堂々と立ってかまえている」

栄町社交街の女性たちは堂々とカラダを売り、法外な利息をとる闇金にもせっせと返済している。闇金にとっては日銭を稼ぐ彼女たちは、ずっと前から優良客であるという。

闇金と風俗漬けから、パニック障害

「これから〝りうぼう〟の駐車場に取り立ていくんですけど、歩いて1分くらいなんで見に来ます?」

深夜1時半、ほろ酔いの金城氏はそんなことを言いだした。りうぼうとは栄町の入り口にある24時間営業のスーパーマーケットで、深夜になっても客と車の出入りは絶えない。金城氏についていくと、駐車場の片隅に派手な化粧にドレス姿の初老の女性がいた。

「〇〇さん、おつかれ〜顔色悪いじゃん」

「今日、めずらしくしつこい客いて。疲れちゃったよ」

30秒くらいやり取りして、女性は金城氏に5000円札一枚を渡した。「じゃあ、また来週ねー」と笑顔で別れている。

あの女性は栄町社交街でスナックママをする60代の女性で、半年前から金城氏の闇金客という。カラダを壊して店を2週間休んだときに資金繰りがおかしくなり、お金を借りに来ている。最初は家賃代で2社程度だったのが膨れあがって、現在は10社を超えている状態になっている。10社あると週5万円以上の支払いとなる。

「あのママ、もう飛ぶのは時間の問題っすよ。週5万円、1日1万円を払うのはキツイ。無理だと思う」

彼は司法書士か警察に駆け込むのは、時間の問題と予想していた。

——風俗嬢をしているの？

そうそう。デリヘルとソープ、それとデートクラブの掛け持ち。デートクラブは連れ出して時間を買ってもらう。まあ、売春です。闇金にお金を借りてからはほぼ毎日。いまも仕事中です。

——キツイね。だって子どもがいるんでしょ。

わらばーは中学1年生と高校1年生の姉弟。元々は下のわらばーが生まれたとき、イキガ（男）から逃げて勤めていたキャバクラも潰れちゃって、本当に家賃も払えないってなった。日当でお金をもらえる風俗に行って、っていう感じ。

——キャバクラから風俗になっちゃったんだ。

下のわらばーが生まれて、イキガ切ったときだから24歳のときかな。未成年の頃から松山でキャバクラしてて上の子どもの父親とは籍入れた。で、暴力がすごいので別れて、客と付き合うようになって下の子が出来ちゃった。そのイキガも暴力が凄まじくて、妊娠中も暴力で籍入れずに子ども生んだ。最終的には警察沙汰になって、訴えたんです。裁判起こした、私が。

翌日の昼間。金城氏の闇金客である羽田留美さん（仮名、37歳）と、那覇の新都心で会うことになった。シングルマザーで週7日、ほとんど休むことなく、風俗出勤している。その収入のほとんどは闇金に流れている。

彼女は県中部出身のようだ。子どもを指す「わらばー」男を指す「イキガー」など、聞きなれない言葉が混じる。闇金から紹介された多重債務者ということでボロボロになった厳しい状態の女性を想像したが、羽田さんはその年齢には見えない美人、表情も語りも明るかった。胸元が見えるカットソー姿で本当に色っぽい。

――13年前に離婚してずっと風俗しながら子ども育てているの？

そうです。それで7年前からは闇金にかかわっちゃったから、本当に大変でいくら男性客を相手してもまったくお金ないです。

――結婚して暴力。そして、離婚して次の男性にも暴力をふるわれたの？

いい加減な人を好きになっちゃって、イキガはずっと家でゴロゴロしてた。なにもしない。私のキャバクラでの収入だけに頼って、どぅー（自分）は先輩に呼ばれたら出かけるみたいな。妊婦の間、仕事ができないからって働くように頼み込んで、そのとき持ってきたお金が私名義の闇金の借金だった。本当にメチャクチャです。

――なんで、そんなことになるの？

当時、沖縄で闇金がではじめたばかりで、どんどん貸してた。本当は恋人の身分証では借りれないけど、借りれちゃったみたい。男の先輩が闇金をやりはじめて、顔わかるじゃないですか。だから「いいよ！　いいよ！　貸すよ！」みたいな。結局、私が借りた形になるんですよ。自分の身分証だから。

――それでキャバクラから風俗に転職して、ずっと真面目に返しているの？　すごいね。

まわらなくなって、また借りてとか。いま15社とか20社とかと思う。勝手に切り替えで、

切り替えで、要は遅れると会社に怒られるから切り替えしてまた埋めるんです。たとえば残りが3万円だったら、切り替えして10万円をまた借りて埋めるんですよ。そしたら、また10万借金が増えてるっていう。悪循環。

——切り替えで10万円を借りると手渡しは7万円、残債3万円は相殺。4万円を渡されるわけだよね。

その4万円をもらうと10万円借金が増えちゃう。だから永遠に終わらない。子どもの病気とかで働けないと延滞つく。延滞だと1日2千円高くつくし、切り替えして一旦埋めようねみたいな。借りてる側で、遅れてる側だから、文句がいえない。

——そんなこと7年間もやっているんだ。めちゃくちゃだね。

15社から20社あるから毎日返済です。当然、今日も。取り立ては直接待ち合わせて会ったり、店に取りに来たり、家にも来たり。子どももずっとだからわかっていて「ママ、来たよ」みたいな。あとパチンコ屋のロッカーにお金をいれて暗証番号をＬＩＮＥするとか。1社６０００円～1万円の支払いで、15社だから週10万円くらい。月40万円とか返済している。

――風俗を掛け持ちして収入はどれくらいあるの。

月40万円～50万円くらいかな。働いたぶん全部返済だから、生活しなきゃならないので借りるしかない。本当にエンドレスで終わりなくて、もう悩むこともしなくなった。どうでもいいみたいな。

子どもは高校1年生と中学1年生で、食費だけでもお金はかかる。家賃4万円のアパートで暮らして、エアコンつけっぱなしなので光熱費は高い。高校生は携帯を持つので親子の携帯代、食費、交通費、お小遣い、少なく見積もっても月20万円はかかる。

羽田さんは4年前に闇金と風俗漬けの生活に病んでしまってパニック障害の診断を受けている。月10万円の障害年金をもらっていて、普通に生活しながら足りないお金は闇金から借りている。

——金城さんから紹介してもらって、あれだけど。そんな真面目に払う人はいないんじゃないの。

もう、仕方ないですね。結局まわらなくなって、自分が入院したときとか困ったときに自分で借りたのもあるし。ジン（お金）で助けてもらったのは、事実。債務かけると恩がって恩がっていうか、闇金だから払わなくていいけど、助けてもらったから。貸した側もどうやって作ったお金かはわからないけど、元々は難儀して作ったお金だろうし、踏み倒すみたいなことはできないかな。

——闇金の人たちに助けられたことがあるんだ。

入院して仕事できなくて生活費がないとか。子どもが急に入院したとか。「ごめん、お願い」って頼んだら、「わかった」って枠を超えて貸してくれた。闇金なので審査そんな厳しくないんで、すぐに貸してくれた。ありがたかった。自分の都合で借りて闇金だから返さないは、ちょっと違うかなって。人として。

沖縄の闇金は汚く厳しい面もありながら、債務者と同じ県民、同じ底辺同士という人情もあった。闇金にも債務者にも、都市圏の闇金のような殺伐で冷酷な荒涼は感じない。ほんの少し温かさみたいものがある。

昼はデリヘル、夜はデートクラブ

初婚の夫は結婚後、すぐに仕事を辞めて働かなかった。結婚してキャバクラから抜けるどころか出勤を増やした。2人目の男は働かないだけでなく凄まじい暴力を受けて、最終的には闇金の負債を背負わされた。

羽田さんは笑いながら話しているが、身近な男性たちから絶句するような絶望的な仕打ちをうけている。

――下の子のお父さんの暴力は、そんなにすごかったの。

3階から落とされて死にそうになったり。このままだと殺されるかもみたいな。最後は逃げるために裁判まで起こしましたから。結局、私が働けとか子どもの面倒をみてほしいとか、そういう当たり前のことをいうと暴れる。たとえば帰ってこなくて「なんで帰ってこないの？　別にいいけど、もう他に女いるんだったら別れよう」っていったら、ぶん殴られるとか。「女に手をだすの間違ってる」っていったら、余計、殴られる。

――そんな厳しい状況が続いたんだね。

はい。3年間くらい。殴られているときは、感情ないです。最初は痛いとか、こいつ絶対殺してやろうとか思ったけど、もう感情なくなります。痛みもないし「はいはい」みたいな。やっとけば？　みたいな。クズだったけど、わらばーには絶対手をださなかったんですよ。でも、窓ガラスを全部割って、室内全部。で、上の子が血つながってないんですけど、ガラス踏んだんですよ。それでブチ切れた。「お前、絶対、許さん」って。「うちに手をだす分には良いと。でも、お前がやったことでわらばーが怪我するのは絶対許さん。

絶対、訴える。覚えとけ」ってなっちゃった。

——沖縄ではそんな話いっぱい聞くけど、どうしてそんな人選んだの？　一緒に暮らさないと本性が見えないのはわかるけど。

選んだつもりはなかったんですよ。優しくってわらばー優先に遊んでくれたから、この人いい人だと思った。蓋を開けたらこんな～っていう。仕事しない、浮気する。浮気があまりにすごいから、一度わらばーをおいて実家に帰ったんですよ、わざと。「どうしてわらばーを置いたかわかる？」って聞いたら「嫌がらせ」って。

——最後の期待をしたんだね。

お前さ、うちは仕事して、寝る時間、１時間。で、夜に仕事行って子育てして。お前ずっと寝てるじゃん。なにもしてないじゃん。なにも手伝わないじゃん。うちの難儀わからんの？　って。「わからん」って言われた。あ、こいつとは無理だって。せめて子どもを見てくれるとか、夜仕事に行ってる間は託児所に入れてたんで。本人は友達と遊びに行ったり。私の給料もってタバコ代だの、ガソリン代だの。だから離婚しました。仕方ないです。

――下の子は中学生、闇金の借金は残っているし、いまの生活をずっと続けなきゃならない。

あのとき、子ども生まなければ良かったのかなとか。いまは上の子は16歳だから、逆にいるからこうやってちばってる（頑張ってる）のかなとか。わからないです。いまは不幸ではないけど、わらばーがいなかったら、どんな人生だったんだろうって思うことはある。いっぱいある。

――若年で子どもを生んでしまって、なにか失ったってこと？

もしかしたら、違うイキガ（男）がいて良い暮らしじゃないけど、ちゃんと普通の旦那がいて、違うわらばーがいたのかなとか。いまはいまで幸せだなーとは思う。でも、たまに、借金無かったらなぁとも思う。

——幸せかもしれないけど、話してくれる生活はとてもキツそう。幸せには聞こえようがないよ。

楽になりたいですよ。

——もし、楽になったら、どうしたい？

仕事を減らしたいかな。いったん減らして、貯金して昼だけにしたい。いまは昼はデリヘルで、夜はデートクラブに行っているんで。家にはいないの。家にいるのはわらばーたー（子どもたち）が学校行って、帰ってきてから夕方までの2時間とか。あとは子どもたちだけで生活してる。

——家族との時間を増やしたいんだ。

小さいときからずっと夜やって、わらばーたーと長い時間いることがない。私が風邪ひいて家にいるとか。わらばーたーが風邪ひいてやーまぐい（ずっと家にいる）とか、そういうときしか休みをとらないんで。じゃないと休みって取らないんで。

――でも今日も、明日も、男相手の接客が待っている。

借金が減って働く時間が短ければ、わらばーたーと一緒に寝られるとか、ご飯食べられるとか。まあ、憧れです。ご飯も別々だし、時間が合わないから。ちょっとだけ話してら。「ちゃんと寝れよ」とか「明日、学校遅刻すんなよー」とか。そういって出勤しちゃうから。子どもと一緒にもっといれるのは、いまの憧れ。

今日も、午前中から朝方まで風俗で働き続けている。彼女はずっと不特定多数の男性と性的行為をしていることになる。そんな生活になって7年目になるが、悲観しないこと、前向きに考えることで乗り切っていた。不幸だが、自分が不幸と思わなければ不幸ではない。彼女はずっと笑顔だった。今日も数人の男性を相手にするので、数万円を稼ぐ。

そのお金はその日のうちに闇金がやってきて、手渡してすぐに消えていく。

笑顔で最期のときを待っていた

那覇の繁華街からタクシーに乗っている。メーターの加算は東京より、ゆっくりだ。那覇市外にある琉球大出身のソープ嬢・新垣玲奈さんの実家にむかう。沖縄は郊外に突入しても、市街地は続き、人や生活の匂いが途絶えることはない。

県道から細道にはいってグーグルマップで住所をたどり、矢印の箇所に古い鉄筋造りの一軒家があった。

LINEすると、マスク姿に帽子をかぶり、長袖のシャツで腕まで覆う新垣玲奈さんが現れた。あれから3年4カ月が経っている。現在、32歳。新垣さんは顔の半分の顔色は悪く、老け、疲れ切っていた。華やかな雰囲気は失われていた。

実は2年前に大腸がんになり、手術。長期入院。そして半年前、肺や膀胱など全身転移が発見され、おそらく余命は短い。現在は自宅で抗がん剤治療を続けている。彼女はそんな状態でも、まだ風俗勤めを続ける。療養中でありながら、沖縄市にある最下層と呼ばれるちょんの間でカラダを売っている。

ソープはもう体力的に無理で、知り合いの店で働いています。大腸がんが見つかったとき、長期入院。それがきっかけでソープを辞めてニートしていた。療養っていっても暇だし、誘われたのでいいかなって。働く時間が短いので末期がんでもなんとかなります。

週3日、金土日に出勤している。客はそんなにつかない。1日の収入は多くて2万円、0円の日もたくさん。

ちょんの間だけど、一応ベッドがあってそこで休めるし。一番大変なのが通勤で、仕事より行き帰りに体力を使う。だから金曜日に出勤して2泊くらいして、残りを自宅で過ごしています。カラダがキツイからお客がついても、他の人に回してとか。お金は全然ないです。抗がん剤の副作用と利尿剤で栄養分をとられるんで、カラダには負担になる。お店の人も知っているので無理はしないように気を使ってもらっています。

末期がんになっても、風俗を続ける理由は「家族に迷惑かけたくないから」という。父親と母親は非正規の最低賃金のパートをしていて、世帯は常態的に貧乏だ。自分の携帯代や食費、抗がん剤の自己負担は自分で支払いたいと思っている。だから、カラダが動くうちは風俗で働く。

家では家事を手伝う。洗濯物を干したり。お皿を洗ったり。あとはネットのグループでおしゃべりしたりとか。ゲームとか。ネットの友達とはゲームの話をしています。いまは末期がんだけど、精神的におかしかった（双極性障害）3年前より、今のほうが体調はいいかもしれません。あの頃はハイとローの差がすごくあって、たぶん前にお会いしたときはローのときでしゃべるのもやっとみたいな。

3年前に取材したときはキャバクラからメンズエステ、ソープランドと業態を落としながら精神疾患に苦しんでいた。原因はすべて恋人による暴力。精神疾患の調子で出勤を調整しながらソープランドで働いた。大腸がんになったことで働けなくなった。

新垣さんは、元々は驚くような美人だ。琉球大学在学中に起こった自衛隊員の恋人からの暴力で精神を破壊され、昼間の仕事ができなくなった。松山のキャバクラ嬢になって、有名な高級店でナンバー2まで上がっている。沖縄の頂点である琉球大学生からキャバクラ嬢になり、そして、精神疾患が原因で夜の世界でもキャバクラからどんどんとランクを落としている。現在、ちょんの間で客をとる売春婦だ。たった10年間で沖縄の頂点から最下層に転落したことになる。

繁華街までは無理とのことで、一番近くにあるファストフードに行くことにした。店内は空いていた。マスクと帽子をとった姿を見せてもらえないか、と頼んでみた。彼女は「いいですよ」と、マスクと帽子をとった。

老婆のような姿があった。あまりの変貌に息をのむ。美しかった面影はほとんどない。髪の毛は抗がん剤の副作用で半分くらい抜け、白髪まみれ。顔色は悪く土色、顔の肌も老化してたるむ。お礼をいって戻してもらった。

こんな感じ。新しい抗がん剤をはじめたところで、髪の毛はまた抜けてきている。前の抗がん剤のときに一度抜けて。いまはまた新しい薬になって。抜けはじめた。白髪染めしたいけど、意味ないし。

抗がん剤治療は2度目「抜けた髪の毛集めて、ボールにして遊んでいるの」と笑う。

こんな姿だけど、店で接客してるんですよ。接客というか、ちょんの間なので売春ですね。ふふふふ。店は真っ暗だから相手が全然見えないし、なんとかなる。風俗は自分の気分転換にもなるし、悪くない。ずっと家にいると、ずっとひとりきり。基本的にいい客が多くて、かわいい子でよかったとか、細い子でよかったとか褒めてもらえることもある。どうも、どうも、みたいな。

現在、末期がんを抱え、東京オリンピックを見ることができるか微妙だろう。大変厳しい状態だが、本人はそれなりに明るく悲観的な言葉はなかった。

昔から早く死ぬだろうなって思っていました。30歳くらいには死ぬだろうって子どもの頃から思っていたし。いいにくいけど、高校生のときメチャクチャモテていたんです。美人薄命だからおまえは30歳には死ぬわって、男子にめちゃいわれていて。30歳超えたとき、あれ死ななかったって。それと、子どもの頃からかわいいねみたいな。初孫で親戚とかから、毎日毎日かわいいねって。チヤホヤされてきたんで。

歩くのもゆっくりで、食べるスピードも遅い。病人で体力ないのは一目瞭然で、いま少し話しているだけで心配になるほどの状態だった。今日は木曜日だ。こんな状態でも、明日出勤して、ちょんの間の部屋で2泊して、客がつけば暗闇のなかで接客する。

——仮の話だけど、仮に死んじゃうとする。どういう気持ち？

うーん、正直な気持ちはね、もうちょっと保険かけて自分が死んだときに家族に残せるお金があったほうがよかった。一人っ子ではないので。妹もいるし。

——自衛隊の男がいなかったら、こんなことにならなかった……。

もしで考えたらキリないけど。もうしかしたら、そうかも。でもいまをマイナスに感じているわけじゃない。がんでカラダ動かなくなって入院しているわけでもないし、ネットの友達もいて、親の助けもある。恵まれているなって思う。

――余命はでているの?

わからない。抗がん剤は点滴センターって専用の部屋があって、そこでみんな点滴受ける。そこにおじいちゃんがいて、いつのまにか死んじゃってた。たぶん私も、あの子死んじゃったって思われるんだろうなって。その光景が客観的に見えるというか。だから、身近な人が悲しんでくれればいいかな。それだけ。

――身近な人って、誰のこと指しているの?

両親と妹。20代の頃から夜の世界で入れ代わり立ち代わり友達が変わった。誰も連絡とれない。そんな友達しかいないから、親と妹が悲しんでくれればそれでいい。ははは。あと、理想をいえば、お金がかからない死に方したいかな。親に迷惑かけないで死にたいかな。

新垣さんの語りは終わった。足元もおぼつかなくて、少し危ない。近距離だったがタクシーを呼び、自宅まで見送った。2階の一番奥にあるキティちゃんのカーテンのところが新垣さんの部屋という。

3年4カ月ぶりの沖縄取材は「死」の話で終わった。彼女は暴力によって貧困に転落し、心を破壊、夜の世界でしか生きることができなくなった。そして、早すぎる最期を迎える可能性が高い。

自宅の前、新垣さんは笑顔で手をふっていた。私も「またね」と手をふって返した。

著者略歴

中村淳彦（なかむら・あつひこ）

ノンフィクションライター。代表作に「名前のない女たち」シリーズがあり、劇場映画化もされる。高齢者デイサービスセンターを運営していたが手を引き、現在はノンフィクション、ルポルタージュを執筆。著書に『東京貧困女子。』（東洋経済新報社）、『職業としてのAV女優』『ルポ 中年童貞』（ともに幻冬舎新書）、『崩壊する介護現場』（ベスト新書）、『ワタミ・渡邉美樹 日本を崩壊させるブラックモンスター』（コア新書）、『日本の風俗嬢』（新潮新書）、『女子大生風俗嬢』（朝日新書）、『熟年売春』（ミリオン出版）など多数。

SB新書　494

日本《にほん》の貧困女子《ひんこんじょし》

2019年 11月15日　初版第1刷発行

著　者　中村淳彦《なかむらあつひこ》

発行者　小川 淳

発行所　SBクリエイティブ株式会社

〒106-0032　東京都港区六本木2-4-5

電話：03-5549-1201（営業部）

装　幀　長坂勇司（nagasaka design）

本文デザイン・DTP　荒木香樹

カバーイラスト　ゴトウユキコ

印刷・製本　大日本印刷株式会社

本書をお読みになったご意見・ご感想を下記URL、
または左記QRコードよりお寄せください。

https://isbn2.sbcr.jp/01232/

落丁本、乱丁本は小社営業部にてお取り替えいたします。定価はカバーに記載されております。本書の内容に関するご質問等は、小社学芸書籍編集部まで必ず書面にてご連絡いただきますようお願いいたします。

ISBN 978-4-8156-0123-2